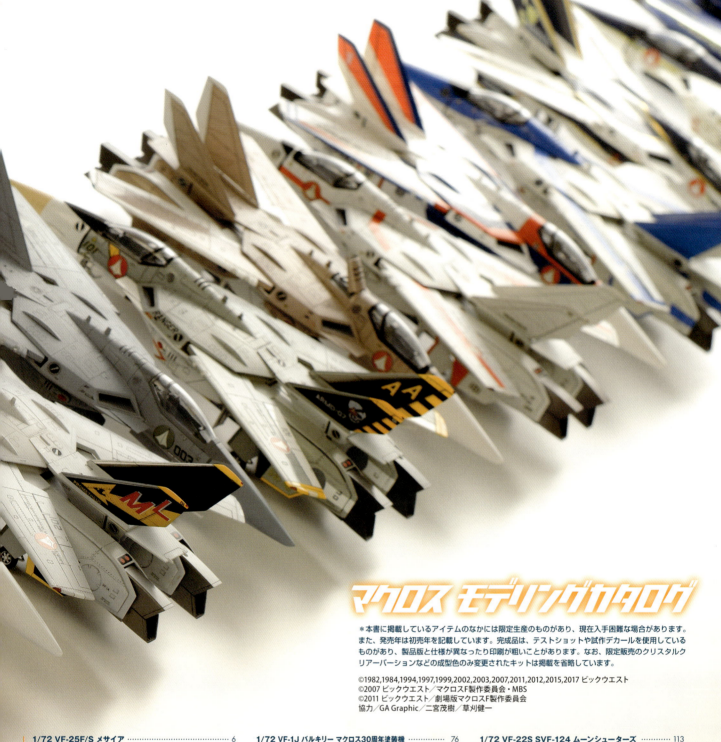

マクロス モデリングカタログ

*本書に掲載しているアイテムのなかには限定生産のものがあり、現在入手困難な場合があります。また、発売年は初売年を記載しています。完成品は、テストショットや試作デカールを使用しているものがあり、製品版と仕様が異なったり印刷が粗いことがあります。なお、限定販売のクリスタルクリアーバージョンなどの成型色のみ変更されたキットは掲載を省略しています。

©1982,1984,1994,1997,1999,2002,2003,2007,2011,2012,2015,2017 ビックウエスト
©2007 ビックウエスト／マクロスF製作委員会・MBS
©2011 ビックウエスト／劇場版マクロスF製作委員会
協力／GA Graphic／二宮茂樹／草刈健一

1/72 VF-25F/S メサイア ……………………… 6	1/72 VF-1J バルキリー マクロス30周年塗装機 …… 76	1/72 VF-22S SVF-124 ムーンシューターズ …… 113
1/72 VF-25F/S スーパーメサイア ……………… 10	1/72 VF-1EX バルキリー …………………… 77	1/72 VF-0S ……………………………… 114
1/72 RVF-25 スーパーメサイア ………………… 16	1/72 VF-1J バルキリー マクロス35周年塗装機 …… 78	1/72 VF-0D ……………………………… 118
1/72 RVF-25 メサイア …………………………… 20	1/72 VF-1 バトロイド バルキリー ……………… 80	1/72 VF-0B ……………………………… 119
1/72 VF-25G メサイア ………………………… 22	1/72 VF-1A スーパー バトロイド バルキリー …… 82	1/72 VF-0A ……………………………… 120
1/72 VF-25G スーパーメサイア ………………… 24	1/72 VF-1S ストライク バトロイド バルキリー …… 83	1/72 VF-0C VMFAT-203 ホークス ………… 121
1/72 VF-19EF/A イサム・スペシャル …………… 28	1/72 VF-1S ストライク バトロイド バルキリー ミンメイガード … 84	1/72 VF-0A/S w/ゴースト ………………… 122
1/72 VF-31J ジークフリード ハヤテ機 ………… 32	1/72 VF-1J/A ガウォーク バルキリー ………… 85	1/72 SV-51γ ノーラ機 …………………… 124
1/72 VF-31A カイロス …………………………… 36	1/72 VF-1S/A ストライク/スーパー ガウォーク バルキリー … 86	1/72 SV-51γ イワノフ機 w/ツインブースター … 128
1/72 Sv-262Hs ドラケンⅢ ……………………… 40	1/72 VF-1D ガウォーク バルキリー …………… 88	1/72 F-14 マクロスゼロ …………………… 129
1/72 Sv-262Ba ドラケンⅢ ボーグ機／ヘルマン機 … 44	1/72 VF-1J スーパー ガウォーク バルキリー …… 89	1/72 MiG-29 マクロスゼロ ………………… 129
1/72 VF-1 A/J/S バルキリー …………………… 46	1/72 SDF-1 マクロス 要塞艦 劇場版 ………… 90	1/72 VF-0A/S バトロイド ………………… 130
1/72 VF-1 スーパー／ストライク バルキリー …… 52	1/72 SDF-1 マクロス艦 強攻型 劇場版 ……… 92	1/72 リアクティブ アーマード VF-0S ……… 132
1/72 VT-1 スーパーオストリッチ ……………… 56	1/72 SDF-1 マクロス要塞艦 w/プロメテウス&ダイダロス … 94	1/72 VF-11B サンダーボルト VF-11B スーパー サンダーボルト … 134
1/72 VE-1 エリントシーカー …………………… 60	VF-1A/J バルキリー たまごひこーき ………… 98	1/72 VE-11 サンダーシーカー SVAW-121 ナイトストーカーズ … 138
1/72 VF-1D バルキリー ………………………… 64	YF-19 たまごひこーき ……………………… 98	1/72 VF-11B ノートゥング 2 VF-11D サンダーフォーカス … 140
1/72 VF-1J マックス&ミリア 2機セット ………… 66	VF-1S ストライク/スーパーバルキリー たまごひこーき … 99	1/48 VF-1S/A バルキリー スカル小隊 ……… 142
1/72 VF-1A バルキリー ミンメイ 2009スペシャル … 68	YF-19 w/ファストパック&フォールドブースター たまごひこーき … 99	1/48 VF-1S/A ストライク/スーパー バルキリー スカル小隊 … 146
1/72 VF-1A バルキリー エンジェルバーズ …… 69	1/72 YF-19 ………………………………… 101	1/48 VF-1J スーパーバルキリー マックス/ミリア w/反応弾 … 152
1/72 VF-1A バルキリー ロービジビリティ ……… 70	1/72 YF-21 ………………………………… 104	1/48 VF-1J/A バルキリー バーミリオン小隊 … 155
1/72 VF-1S バルキリー マクロス25周年記念塗装 … 71	1/72 YF-19A VF-X レイブンズ …………… 108	1/48 VF-1A バルキリー エンジェルバーズ …… 155
1/72 VF-1A バルキリー VF-2 ソニックバーズ …… 72	1/72 YF-19 マクロス25周年記念塗装 ……… 109	1/48 VF-1J バルキリー マクロス30周年塗装機 … 155
1/72 VF-1J スーパー／ストライク バルキリー SVF-41 ブラックエイセス … 73	1/72 YF-19 デモンストレーター …………… 110	1/48 YF-19 ……………………………… 156
1/72 VF-1A ロールアウト001 ………………… 74	1/72 YF-19A SVF-569 ライトニングス w/ハイニューマミサイル … 111	
1/72 VF-1A バルキリー 生産5000機記念塗装機 … 75	1/72 VF-22S ……………………………… 112	キット、設定解説／二宮茂樹、森 慎二

Happy 35th anniversary!

祝！マクロス35周年。想えば長かったようであっという間の35年間でしたが、その間最新作『マクロスΔ』に到るまで続編が着々と公開され続け、マクロスのプラモデルも充実し続けてきました。そんなマクロス模型界に革命的な変化を起こし、その後の着実なシリーズ展開でシーンを支え続けてきたのがハセガワのマクロスモデル。その魅力を全盛りでお伝えしてみることにいたします。

INDEX;

●繊細なスジ彫りとリベット表現、バブルキャノピーや実機さながらの脚などの細部ディテール、空力を感じさせるフォルムといった航空機テイストのアレンジが加えられたハセガワの1/72 VF-1。設定画とは別物と言ってもよいほどのディテールアレンジが加えられながら、アニメ／設定のVF-1が本来持つSFアニメメカとしての魅力がまったく損なわれていないどころか、むしろ増しているところが傑作キットとされる所以だろう

1/72 VF-1S "STRIKE VALKYRIE"

1/72 VF-25S "SUPER MESSIAH"

●バンダイが同スケールで完全可動モデルをリリースしたのに対し、あえて形態固定というハセガワマクロスモデルのスタイルを守った1/72 VF-25。非常に複雑な変形のVF-25において、形態固定スタイルのモデルは、ファイター形態でのスタイル、工作／塗装の容易さなど数々のメリットがあり、可動モデルとは別の魅力がある。文句なしにカッコいいフォルム、組みやすさに配慮されたパーツ分割、いかにもハセガワらしいシャープなスジ彫りや航空機テイストのディテールなどなど、それまでのファイター形態キットの集大成とも言える高いクオリティーの傑作キットだ

「スケールモデル的アレンジ」と「あえて変形させない」という選択がもたらしたマクロス模型の革命

　2000年にハセガワが発売した1/72 VF-1は革命的なキャラクターモデルだった。通常アニメ題材のプラモデルは玩具の延長としての色合いが強く、アニメや設定画のイメージを再現したり可動などのギミックのプレイバリューを前面に押し出すのが普通だが、このVF-1はアニメのメカに航空機テイストのアレンジを加えるという手法で立体化されている。アニメのプラモデルにおいて「スケールモデル的な発想で再構築する」という発想、それ自体が画期的な"発明"だった。飛行機のスケールモデルを得意とするハセガワならではの英断だったと言えよう。
　ハセガワのVF-1は、その後スケールモデル的な塗装色バリエーション展開をするのと同時に、バトロイドでもモデラーを驚かせてくれた。ハセガワの1/72 VF-1 バトロイド バルキリーは、「航空機アレンジのVF-1をスタート地点にして変形させるとどんなバトロイドになるか？」という、非常にコンセプチュアルな立体物になっている。結果、アニメ設定画とはまったく異なるリアルな表現となり、ファイター形態と並べても非常に趣深いものになっている。
　もうひとつハセガワのマクロスシリーズの特徴となっているのが、アニメでは可変するメカをあえて形態固定でキット化しているところだ。可変モデルはプレイバリューが高いが、「作って飾っておく模型」として考えると、製作のしやすさや完成後のフォルム保持、ディテールのリアリティーなどの面でいろいろな制約やデメリットもある。ハセガワのマクロスモデルは、スケールモデル的視点に基づきあえて非可変モデルにすることで、これらのデメリットを見事に払拭している。ファイター形態での隙間のない美しいフォルム、繊細かつ実機っぽい脚周辺ディテールなどは、形態固定モデルならではのものだ。この"形態固定"というコンセプトは、いまに到るVF-25やVF-31でも継承され、同社シリーズの魅力の源となっている。

『マクロスF』主役機はF／アルト機とS／オズマ機を選択再現

アルト機とオズマ機のコンバーチブル仕様。本体の大きめのパーツはスナップフィットになっており、非常に繊細なディテーリングの機体ながら、組みやすいように配慮されている。

コクピットはバスタブ式、3パーツでEX-ギアを再現している。オプションで後席もあるがこちらはノーマルの射出座席だ。前後席ともに前部ディスプレイを再現しモニター表示部のデカールも付属。

胴体は上下2分割で、上下を合わせる前にコクピットブロックと左右の主翼の可変後退角の連動機構のパーツを組み込む構造で、主翼と垂直尾翼は塗装後に取り付け可能。FとSで選択式となる頭部は見えなくなる顔面までちゃんと再現されている。頭部と後部胴体の間を埋めるカバーパーツはアルト機とオズマ機で別なのできちんと確認しよう。下面の腕パーツは、先端の手の平まで再現されているが、完成後はほぼシールドに隠れてしまう。

エンジンのエアインテイクは3パーツ構成で、カバーは開いた状態を再現。コンプレッサーファンも別パーツとなっている。脚部（エンジンナセル）はそれぞれ左右分割で左右パーツを接着するときにインテイクと主脚収納部を挟み込む構造。主脚車輪はタイヤとホイールが別パーツなので塗装が楽だ。主脚柱は引き込み用アクチュエーターが分割され、脚収納部ドア内側にも補強用モールドが施されておりとても密度感がある。エンジンノズルは片側だけで13パーツで構成されており、タービンも別パーツ。可動する仕様なので軸部分に接着剤が回らないように注意したい。前脚柱はオレオのネジレ止めが別パーツで着陸灯がクリアーパーツ、タイヤとホイールは一体成型。前脚収納部扉裏にも補強彫刻がある。ガンポッドの取り付けは選択可能で、センサーはクリアーパーツになっている。キャノピーは開閉2種のパーツが付属し、閉状態は前後一体、開状態は前後が分割され、ヒンジパーツをつけるようになっている。ボーナスパーツとして、翼下のパイロンに装着する空対空ミサイル計18発もセットされており、ミサイルのシーカー部分はクリアーパーツ。

6

VF-25F/S メサイア
「マクロスF」
ハセガワ　1/72
インジェクションプラスチックキット
税込3456円　2013年発売

001
MACROSS series. 24

1/72 VF-25F/S "MESSIAH"

　VF-25は、YF-24エボリューションの設計をマクロス・フロンティア船団内の新星インダストリー工廠とL.A.I.社がアレンジして開発製造した機体で、正式にはVF-25/MF25と呼ばれる。
　エボリューション開発プロジェクトの成果である最新技術を多数取り入れ、基本性能はYF-24エボリューションとさほど変わらないが、新たに可変型後退翼を採用し宇宙空母などの限られたスペースでの運用性を向上させている。また改良型ISC慣性キャパシターを搭載したため高Gからパイロットを保護することが可能となり、本来の機体ポテンシャルを充分発揮出来るようになった。コックピットはEX-ギア対応型であり、軍用のEX-ギア装着者が搭乗すると自動的にパイロットを認識し最適な角度でEX-ギアをシートモードに変形させ固定する。シートの角度は機体に加わるGによって常にパイロットの負荷を軽減する位置に自動的に変更される。また後部パネル下には予備シートがあり、EX-ギアを装着しないパイロットでもこのシートでの操縦が可能となっている。パイロットがEX-ギア装着時にはこのシートを非常用の予備シートとして使い2名が搭乗可能となる。
　このEX-ギアシステムとともに従来にない装備でVF-25の特徴となっているのがISC慣性キャパシターである。これはパイロットの肉体的限界を超えるGがコックピットにかかった時に自動的に作動してコックピット内の慣性を操作することで見かけ上のGを軽減する。軽減されたGは変換されてキャパシターに蓄えられ再びコックピット内のGとして還元されるが、最初のGの10〜25％程度に押さえられたものが時間をかけてゆっくりと解放されるため、パイロットにとって著しい負担にはならないですむ。ただし、被弾などによりシステムが機能しなくなると蓄えたGが一気に開放され、機体が破壊されてしまう場合もある。

VF-25F/S SUPER MESSIAH "MACROSS FRONTIER"

スーパーパックパーツ追加のメサイア アルト機／オズマ機を選択再現

VF-25F/Sに宇宙空間戦闘用のスーパーパックを追加した仕様を再現するキット。主にスーパーパックのパーツが新規設計で追加されているが、着脱はできない構成となっている。本体は基本的にVF-25F/Sのパーツと同じだが、スーパーメサイアではエンジンブロック（脚）のポジションが変更されているため、ヒザとスネにあたる部分の脚パーツは新金型部品に置き換わっている。

左右の大型ブースターの大型ノズル（上/下）と機体上部後方中央のノズルはボールジョイントによる可動式（ジョイント部はプラスチックパーツ）で完成後にも向きを変えることができる。

キャノピーは2パーツに分割された開状態と1パーツの閉状態の選択式。後部座席はありと無しの状態を選択でき、パイロットフィギュアが付属する。

頭部及びデカールはアルト機とオズマ機の選択式。脚は駐機状態と飛行状態を選択可能。前脚のライトはクリアーパーツになっている。

上部マイクロミサイルポッドのカバーは可動式で開閉可能。なかにはミサイルの弾頭が再現されているが、弾頭部分だけが露出するようにボッドパーツにハメ込むような構造になっており、弾頭をひとつずつマスキングで塗り分けなくても、白く塗って先端に赤いデカールを貼り外装パーツにはめればカラーリングを再現できるよう配慮されている。

そのほかでも、ブースター先端部やインテークカバー先端部などが色分け部分でパーツ分割されており、完成後の見た目以上に塗装はしやすい。また、本体の合わせ目消しが必要な箇所がかなり隠れるので、ノーマルのF/Sより工作難易度も低めだ。

002

MACROSS series. 27

VF-25F/S スーパーメサイア
『マクロスF』
ハセガワ　1/72
インジェクションプラスチックキット
税込4104円　2015年発売

1/72 VF-25F/S
"SUPER MESSIAH"

　いわゆる「スーパーパック」はVF可変戦闘機開発後に性能向上用の追加兵装として開発されるのが普通であったが、拡張兵装システムとしての重要性が認められVF-19シリーズからは機体と同時に開発されるようになっていった。VF-25でもマクロス・フロンティア船団の独自仕様に基づいたスーパーパックが生産され配備されている。

　スーパーパックを装着したVF-25は最大加速度が著しく向上するため高速進出能力を生かした迎撃任務などに使われることが多く、機体とブースターロケットの合計推力によって初期加速は最大15Gに達し、約15トンもの化学ロケット燃料をわずか120秒程度で使い切る。もちろん最大加速を行なわなければさらに長時間の燃焼が可能である。

　また、化学ロケット燃料を消費するにつれて総重量が軽くなるのでさらに加速性能は向上し、ミサイル類などを撃ち尽くした状態に到れば、瞬間的に機体設計限界強度の倍となる30G近い加速度を発揮することも可能だ。その際はICS慣性キャパシターがパイロットと機体を保護する。

　燃料を使い切ってしまえばロケットエンジンはデッドウェイトにしかならないため即座に切り離しが可能で、そのようなシステムを採用することにより製造コストが低くまとめられている。

　従来どおりブースターエンジンポッド前方のウェポンパックには大出力ビーム砲やマイクロミサイルポッド、強行偵察ユニット、反応弾頭ミサイルコンテナなどのバリエーションがあり自由に組み合わせることができる。また、アーマードパックほど徹底したものではないが、インテークやエンジンナセルに装甲パネルも追加され生存性も向上している。化学反応燃料、マイクロミサイルなどを満載したスーパーパックの総重量は約28トンとなりスーパーパック装備のVF-25の総重量は40トンを超える。

～ハセガワバッハリカタ～

飛行機モデル初心者でもこれで大丈夫！
ハセガワ製ファイターモデル「製作工程順」講座

featuring;
1/72 VF-25S スーパーメサイア

製作・解説／森 慎二、けんたろう

飛行機のプラモデルは工作の手順がちょっと複雑。すべて工作してから塗装しようとすると塗りにくいところや塗れないところが出てきてしまいます。そこで、ハセガワのファイター形態キットを効率的によりうまく作れるようになる工作手順をまとめて解説。これで初心者でも手順はバッチリです。

工作と塗装の手順を整理してマスターしよう

飛行機のプラモデルはマスキングをしてエアブラシで塗り分けるのが基本ですが、奥まったところは先に塗ってから塗ると塗り分けが難しくなってしまいます。そこでコクピットやインテークなどは先に組み立ててから塗るようにします。とくにパーツを挟み込むような構造になっているところは要注意。先に組み立ててからだと、塗りにくかったり中に入れることができなかったりする箇所を重点的に洗い出しておきましょう。

▲コクピット内は先にスミ入れまで済ませておきましょう。薄めのエナメル系塗料のブラウンを使い、塗りっぱなしで陰影を強調します。タミヤのスミ入れ塗料を使うと便利です

①コクピット塗装
▲まずはコクピットを塗っておきます。コクピットのバスタブ状パーツとシート／コンソールだけでなくキャノピーの内側になる機体パーツ側も忘れずに塗っておくようにしましょう

③ボディパーツ整形
▲接着剤が乾いたら、400番～600番の紙ヤスリで整形。紙やすりは、板をあてた細いもの（写真はウェーブのヤスリスティック）を使い、合わせ目部分周辺だけを削るようにします

②パーツ接着
▲合わせ目を消す必要がある機体パーツなどを接着します。接着にはMr.セメントSなどの速乾プラスチック用接着剤を使い、表側から少量ずつ塗ります。パーツのずれと塗りすぎに注意

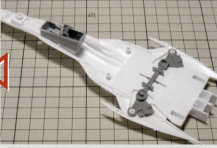
▲機体パーツを接着するときは、コクピットや主翼基部ギミックなど挟み込むものを忘れないように要注意。主翼は可動するだけでなく後から差し込める構造なので塗装がしやすいです

▲硬化した瞬間接着剤はプラスチックより硬いので、まず400番の紙ヤスリで荒削りしてから、600番の紙ヤスリ、600番～1000番相当のスポンジヤスリの順で表面を整えます

▲合わせ目に凹みが残ってしまったところは流し込み用瞬間接着剤で埋めます。接着剤が流れないよう、ノズルをつけて少量ずつ該当箇所に塗り重ねて盛り上げるようにします

▲凸凹が均せたら、600番～1000番相当のスポンジヤスリで表面を整えます。整形時に削りすぎると周辺の繊細なスジ彫りなどのディテールを消してしまうので削るのは最小限に

⑤スジ彫り
▲合わせ目を消したところはスジ彫りが削れて浅くなったり埋まったりするのでスジ彫りを彫り直します。ガイドテープを使ってMr.ラインチゼルで彫ると簡単にきれいに彫れます

▲1000番相当のスポンジヤスリで軽くヤスると、凸凹のところにサーフェイサーが残ります。凸凹が残っているところは、600番～1000番相当のスポンジヤスリで整えます

④表面処理
▲全体に缶サーフェイサーを吹くと、スジ彫りが埋まったりザラついたりしやすいので、合わせ目消しの結果が不安なところだけエアブラシで軽くサーフェイサーを吹いて確認します

14

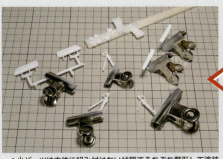
▲小パーツは本体に組み付けない状態でそれぞれ整形して塗装します。割り箸に両面テープで貼り付けたりクリップで挟んで持ち手をつけるとエアブラシ塗装がしやすくなります

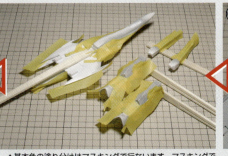
▲基本色の塗り分けはマスキングで行います。マスキングで塗り分けたあとは、なるべくテープを剥がさないと塗膜が硬化して境目がめくれやすいので注意しましょう

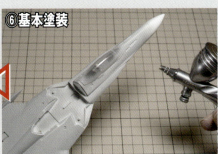
⑥基本塗装
▲整形作業が終わったら水洗いして削り粉などを除去し、基本塗装へ移ります。コクピット部分は、使用しないキャノピーパーツを両面テープで貼り付けてマスキングしています

⑧スミ入れ
▲エナメル系塗料のブラウンでスミ入れ。黒でスミ入れするのはやめましょう。全体に塗らず、スジ彫り部だけに流し込むようにすると拭き取りが楽できれいに仕上がります

⑦デカール貼り
▲デカールを貼ります。塗装面をツヤあり～半ツヤにしておくとデカールが密着しやすくなります。貼るときは1枚ごとマークセッターなどののり／軟化剤を使ってていねいに作業します

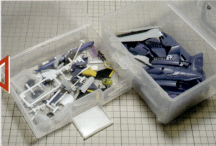
▲機体以外の小パーツの塗り分けが終わりました。尾翼や主翼端下面の色分けはデカールも付属しますが、マスキングで塗り分けたほうが簡単かつきれいに仕上げやすいです

完成！
▲すべての塗装ができたらプラスチック用接着剤で組み立てて完成。キャノピーは両面テープで止めておくようにすると完成後も外してコクピット内を見ることができます

⑩細部塗り分け／組み立て
▲金属質感にしたいところや翼端灯などツヤあり仕上げにするところは最後に塗り分けます。翼端灯などの灯火類は、シルバーを塗ってからクリアーカラーを重ねるとリアルです

⑨クリアーコーティング
▲ラッカー系塗料でクリアーコーティング。ツヤをどれくらいにするかは好みですが、粒子がこまかのツヤ消し剤を混ぜ半ツヤ状にするとスケール感を出しつつ粗隠しができます

バブルキャノピーのパーツはパーティングラインを処理しよう

バブルキャノピーとは、視界をよくするために張り出しがある形状のキャノピー。実機ではF-16など数多くのジェット戦闘機で採用されていますが、ハセガワのマクロスシリーズではVF-1などにバブルキャノピー形状のパーツが付属しています。このバブルキャノピーのパーツで注意したいのが、中央に張り出しをプラスチックパーツとして成型しているところ。左右の張り出しをプラスチックパーツとして成型しようとすると、金型の合わせ目のところにパーティングラインができます。このパーティングラインはヤスリで削って整形したあと磨くことできれいに消すことができます。クリアーパーツをヤスリで削るには抵抗があるかもしれませんが、手順に沿って作業すれば透明な状態に戻すことができますので、ご安心ください。ポイントとなるヤスリや磨き剤の番手も解説しておきましょう。

▶バブルキャノピー形状のクリアーパーツは中央部にパーティングラインがありますので消してみましょう。バブルキャノピーのパーツを使用すると、機首を前方から眺めたときのリアリティーが格段に上がります

●まずはじめに400番～600番の紙ヤスリでパーティングラインの凸部分を削り落とす。この段階でしっかり平らにできていないといくら磨いてもきれいに仕上がらないので、表面が透明でなくなるのは気にせず、きちんと整形しておこう。凸凹がなくなったら、2000番～10000番まで順に磨いていく。「神ヤス」のようにスポンジがついたタイプの研磨材を使うと、曲面を崩さずにみがきやすくなる。そのあとはコンパウンドで磨くが、粗目→細目→仕上げ用の順に磨き布を交換しながら順に作業していこう。粗目の段階でしっかり磨いておくと最終的に小傷が早く消えてくれる

RVF-25 SUPER MESSIAH "MACROSS FRONTIER"

スーパーパックを追加した電子戦型
フォールド通信誘導システムも再現

機体上面のロートドーム（円盤形全周警戒電磁波／フォールド波センサー）、機体下面のレーダーパネルなどの電子戦装備が魅力のRVF-25に、宇宙空間戦闘用のスーパーパーツを装備した状態を再現するキット。パーツ構成はノーマルのRVF-25とVF-25 F/S スーパーメサイアのパーツを合わせたようになっている。本機独自の装備である左翼のスーパーパーツ前方に取付けられるフォールド通信誘導システムもスーパー化されており（このパーツはVF-25 F/S スーパーメサイアにも入っているが、そちらでは未使用パーツとなっている）、RVF-25らしさを出すことができるようになっている。

RVF-25と共通の仕様だが、ロートドームは展開可能で、ポリパーツによる回転可動式。機体下面のフォールド波フェイズドアレイレーダーパネルも可動式になっている。ランディングギア及び脚カバーは飛行状態と駐機状態の選択式で、ブースターパックのメインノズルは可動式。キャノピーは2パーツに分割された開状態と1パーツの閉状態の選択式で、パイロットフィギュアが付属する。

003
Limited edition

RVF-25 スーパーメサイア
『マクロスF』
ハセガワ　1/72
インジェクションプラスチックキット
税込4536円　2016年発売（限定生産）

1/72 RVF-25 "SUPER MESSIAH"

　RVF-25スーパーメサイアに装着されるスーパーパック自体は他のVF-25用スーパーパックとなんら変わるところはないものだが、RVF-25という機体にとっては、とくにスーパーパックが重要な意味を持つ。
　RVF-25は頭部ユニットのレーザー砲がないぶん火力が若干弱く、また大気圏内では上部のロートドーム型センサーユニットと下部のフェイズドアレイレーダーパネルの空気抵抗が大きく速度が低下するほか、空間機動にも若干の制限がある。両センサーとも緊急時には爆発ボルトで切り離すことが可能ではあるが、センサーユニットは非常に高価なので切り離すのは本当の意味の緊急時に限られてくる。したがって、スーパーパックがなくとも充分な機動性能と火力を持つ他のVF-25各型と違い、RVF-25において大気圏内外の両方でスーパーパックを装着する意味は大きい。
　なお、SMSで運用されていた先行量産型のRVF-25は、対バジュラ用にL.A.I.社によって改良されたもので、後の量産型RVF-25とは仕様が異なる。各ユニットにフォールドクォーツが組み込まれ能力が著しく向上しているほか、管制誘導プログラムを独自に改変することでQF-4000シリーズのゴースト無人機を6機まで誘導することができるるように管制能力をアップさせている。これらゴーストの管制にもフォールド波が応用されているので、超長距離でもロスタイムなしでの運用が可能となっている。
　これらの改修によりSMSの先行量産型は、頭部ユニットのレーザー砲がない分の火力不足を補って余りある戦闘能力を持つが、それでも実際に運用するうえでは、スーパーパックを装着しなければ他のVF-25と行動をともにできなくなるシチュエーションが出てくる。とりわけSMSのような各種VF-25が同飛行隊に所属する混成部隊が多い軍事プロバイダーなどでは、スーパーパックはやはり大きな意味を持つのである。

　RVF-25はVF-25にヒューズ社の追加電子偵察装備パックAP-SF-01+ 通称イージスパックを装着し、電子戦や前線指揮管制などを行なう機体。頭部のターレットはRVF-25独自のもので、他のVF-25に搭載されているレーザー砲は非搭載で、その代わりに高精度センサーアンテナが搭載されている。

　外観の最大の特徴は、背面に取り付けられている大型のロートドーム型DSAF-03全周囲警戒電磁波およびフォールド波センサーユニット。これは使用時には円盤の一部が開いて回転するユニットで、電磁波とフォールド波の両方を探知する。また、下面からは大型で長大なフォールド波フェイズドアレイレーダーパネルESF-1000が展開し、上部のロートドーム型アンテナと併せて電磁波およびフォールド波を探知する。また、機首の統合レドーム内にも統合センサーVGA-14Aが内蔵されており、通常のVF-25用センサーAA/AS/SF-06ユニットより感度が高くなっている。

　本機のフォールド波の最大受動探知範囲は約1光日で、リアルタイムでの探知が可能となっている。各アンテナからのデータは機首のアビオニクスベイ内に増設された電子戦システムブースターユニットAE-35改が高速で処理し、同時に2048目標を識別。このうち128目標に対して長 中距離ミサイルなどの攻撃兵器を誘導する能力がある。また飛行隊の僚機と相互情報リンクにより高度な戦術的展開も可能である。

004
Limited edition

RVF-25メサイア
『マクロスF』
ハセガワ　1/72
インジェクションプラスチックキット
税込3456円　2014年発売（限定生産）

VF-25F/Sと本体基本部分を共用しつつ新規金型パーツを追加してスカル小隊の電子戦担当ルカ・アンジェローニ搭乗機を再現したキット。主翼の左右連動可動ギミック、ベクターノズルの上下方向可動、駐機／飛行状態の選択式、コクピットが単座／複座の選択式、パイロットフィギュアが1体付属するなどの主な仕様はF/Sと共通。
　本機の最大の特徴であるロートドームは回転＆展開可能で、大型レーダーパネルは飛行位置／駐機位置への可動が可能。頭部は新規パーツでRVF-25の特徴的な形状を再現している。

**ルカ・アンジェローニ搭乗の電子戦機
ロートドームの回転＆展開ギミック搭載**

1/72 RVF-25 "MESSIAH"

005
Limited edition

基本はVF-25の標準型と変わらないが、戦闘空域外からの長距離狙撃により敵機を破壊したり牽制／制御することで味方の戦術戦闘の支援を行なう目的で開発された、比較的新しい戦術カテゴリーのヴァリアブルファイター。

VF-25GはVF-25用の標準ガンポッドの代わりにドラグノフSSL-9A/Bアンチマテリアル・スナイパーライフルポッドを標準装備としている。このスナイパーライフルは口径55mmの実体弾ライフルで、発射された弾丸をリニア・ドライバーでさらに銃身内で加速させる。超高速徹甲弾SP-55Xでは、その初速が他のスナイパーライフル弾ポッドと比べ20%以上向上した7500m/sに達し、20km先のデストロイド用複合装甲300mmを打ち抜く威力を持つ。弾倉は、12発入りの標準マガジンのほか35発入りドラムマガジンも装着でき、フルオートモードでの射撃も可能だが、その際は命中精度が大幅に低下する。

上部には精密射撃専用光学射撃サイトが内蔵されており精密射撃時にはせりあがってセットされる。この射撃スコープのデータは機体の照準システムに転送されるので、固定目標であればパイロットが手動制御しなくとも全自動で射撃が可能である。また、精密射撃用スタビライザーフィン8基が組み込まれており、宇宙空間で加速していない慣性移動中の目標であれば、20kmの距離での弾着誤差は10cm以内である。のちに対バジュラ用の高速MDE弾弾頭弾を使えるようにも改修された。

実体弾のスナイパーライフルは一見前時代的だが、対光学兵器装甲を持つ機体にはとても有効で、照準が光学系のみによるため、ECMの影響を受けないというメリットもある。

VF-25Gメサイア
『マクロスF』
ハセガワ　1/72
インジェクションプラスチックキット
税込3456円　2014年発売（限定生産）

VF-25F/Sと本体基本部分を共用しつつ新規金型パーツを追加してスナイパーライフル装備のG型 ミシェル搭乗機を再現したキット。主翼の左右連動可動ギミック、ベクターノズルの上下方向可動、駐機状態／飛行状態が選択式、キャノピー開閉が選択式、コクピットの単座／複座が選択式、着座姿勢のパイロットフィギュアが1体付属する、主翼下面搭載用の空対空ミサイル×18／パイロン×6が付属する、などの主な仕様は先に発売されたF/Sと共通になっている。機体本体の違いとしては、G型頭部とスナイパーライフルが新パーツで再現されている。

本キット最大の特徴は、『マクロスF』アニメ本編の第12話でガリア4ライブを遂行した際に本機に装備されたフォールドスピーカー×4および主翼取付けパーツと、後席に着座した姿勢のランカ・リーのフィギュアが付属するところだ。これにより、アニメ劇中の印象的なシーンを再現できるようになっている。

**スナイパーライフル装備のG型
フォールドスピーカーとランカも付属**

1/72 VF-25G
"MESSIAH"

スーパーパック装備のミシェル機 スナイパーライフルも再現

VF-25Gミシェル機のスーパーパック装備状態を再現したキット。パーツは、ノーマルのVF-25GとVF-25 F/S スーパーメサイアのパーツを合わせたような構成になっており、頭部がG型の形状になりスナイパーライフルを機体下面に装備するほかは、VF-25F/S スーパーメサイアと同様。

VF-25G SUPER MESSIAH "MACROSS FRONTIER"

006
Limited edition

VF-25G スーパーメサイア
『マクロスF』
ハセガワ　1/72
インジェクションプラスチックキット
税込4320円　2016年発売（限定生産）

1/72 VF-25G "SUPER MESSIAH"

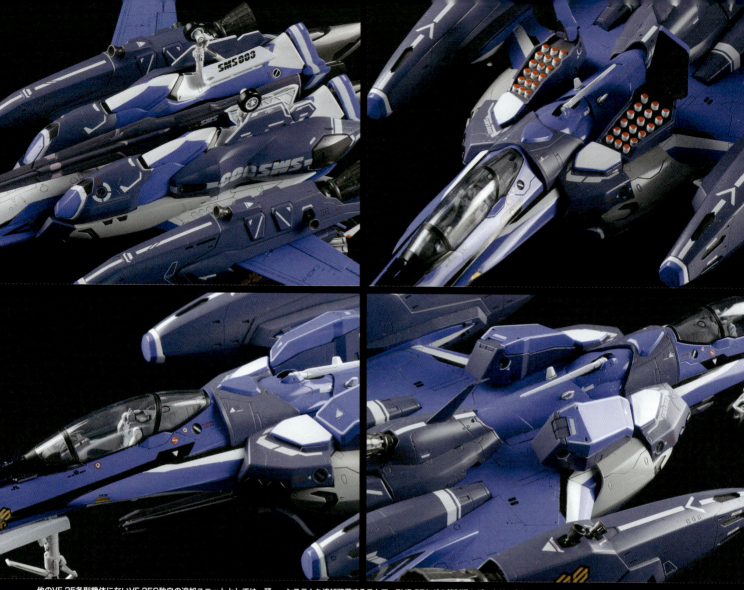

　他のVF-25各型機体にないVF-25G独自の追加ユニットとしては、頭部ターレットの専用単眼式超高感度光学センサーと、同じく専用の高度な画像解析システムがある。また、外部には露出していないが機首のアビオニクスベイ内のFCS（火器管制システム）に増設されたFCF-21b精密射撃管制ブースターがある。そのほか、射撃姿勢を保持／固定するためのアンカーユニットも機体内数箇所に追加装備されている。
　VF-25Gが装備したSSL-9Bは初速が速い銃とはいえ、目標が20km先であれば弾着までは4秒の時間を要するため、パイロットには数秒あるいはそれ以上の目標未来位置を予測判断する能力が要求される。それを補うためにパイロットが装着するEX-ギアにはガンナーキットが追加装備されている。このキットを使用すると、パイロットの射撃タイミングなどを学習することで撃てば撃つほど命中精度があがっていく。また、高度な通信システムも追加装備することで、RVF-25などの管制機とデータリンクして目標を決定することも可能となっている。
　VF-25のスーパーパックSPS-25S/MF25は、燃料やマイクロミサイルなども含め総重量約28トン。主翼に装備するメインブースターユニット2基とその前部に取り付けられるマイクロミサイルランチャーポッド、インテイクや腕部、股関節部のコンフォーマルタンクを兼ねた装甲ユニット、それにシールドのサブブースターユニットで構成される。インテイク装甲にはマイクロミサイルCIWSコンテナが取り付けられる。
　VF-25のスーパーパックは装着したままでも射撃になんら支障ない。むしろ質量が増すことで機体が安定し、マイクロミサイルCIWSコンテナの作動モードを自動にしておけば接近してくる敵を自動的に迎撃するため、パイロットは射撃に集中することができる。

007
Limited edition

VF-19EF/A イサム・スペシャル
「マクロスF サヨナラノツバサ」
ハセガワ　1/72
インジェクションプラスチックキット
税込4536円　2017年発売（限定生産）

VF-19EF/A ISAMU SPECIAL
"MACROSS FRONTIER"

劇場版「マクロスF サヨナラノツバサ」のクライマックスでのバジュラ本星での戦いに投入された、VF-25同様のスーパーパックを搭載したイサムスペシャル仕様のVF-19を再現するキット。
脚部及び肩部のスーパーパックは新規パーツとなっている。機体本体とブースターのメインパーツはそれぞれYF-19、VF-25F/S スーパーメサイアのものと共通だが、そのままでは翼にブースターを取り付けられないため、ブースター取り付け部分が新規設計パーツになっている。
パイロットフィギュアはSMSスーツを着た着座姿勢のイサムを新規金型でパーツ化。

劇場版クライマックスに登場した
VF-19スペシャル仕様機

1/72 VF-19EF/A "ISAMU SPECIAL"

　YF-19を完成させた功績などにより大佐に昇進したイサム・ダイソンだったが、飛ぶ機会が減りデスクワークの日々が続くとあっさりと軍を辞めてしまった。そんなダイソン元大佐が次に見つけた居場所は民間軍事プロバイダーのSMSであった。ここでもVF-19の搭乗を希望していたが高性能のVF-19の民間企業への売却に関しては新統合宇宙軍は制限を設けていたため、SMSにはデチューン版のVF-19EFが配備されているだけだった。そこでダイソン元大佐は新星インダストリーのVF開発顧問となっていたヤン・ノイマン氏にVF-19Aの部品の横流しを依頼する。SMSのVF-19EFを密かにVF-19Aへアップグレードしようと試みたのだがノイマン氏がこれを拒否、その代わりに新星インダストリーに対してVF-19の改良と延命計画を提出してそのテストをSMSに依頼した。

　じつのところ、ISCが実用化されVF-25に搭載されている時代に構造的にISCが搭載できないVF-19にこれ以上改良を加えても意味のないことは新星インダストリーもノイマン自身も承知のうえで作られたこのVF-19に、彼らは密かに「イサム・スペシャル」と名を付け、塗装もニューエドワーズ時代の2号機と同じカラーリングを施し、外観はほぼテスト当時のYF-19と同一となった。エンジン推力は一部パーツの交換と制御プログラムの改良によって10％近く向上し、レスポンスも向上、また搭載アビオニクスもVF-19シリーズの最新版のものに換装している。のちに非公開で行なわれたVF-25とのDACTでは、大気圏外ではエンジン最大推力に倍以上の差があるためISCを装備したVF-25には及ばなかったものの、大気圏内ではVF-25を凌ぐ空戦機動を発揮し関係者を驚かせ、大気圏内空戦性能を重視したVF-19は、なお第一線の性能を有することを誇示した。本機は、予備機を含め2機が生産されたという。

VF-31J ジークフリード ハヤテ機
『マクロスΔ』
ハセガワ　1/72
インジェクションプラスチックキット
税込4104円　2017年発売

008

MACROSS series. 29

『マクロスΔ』主役機
YF-30の制式採用進化形、VF-31

コクピットは単座と複座との選択式で、前席はEX-ギアを再現し後席は通常座席となる。前席のハヤテと後席フレイアのフィギュアが付属し、ヘルメットとハヤテ頭部は選択式（劇中のハヤテはヘルメットを着用しない）。フレイアは3パーツ構成でうまく再現されている。前後席ともに前部ディスプレイがあり、モニターの表示部はパターンが5種ずつデカールでセットされている。キャノピーは開閉の選択式で前後に分割されている。前部は機首上面のセンサー部と一体でセンサーカバーを塗り残すタイプで、開状態では開閉部のヒンジパーツをつける。

胴体は上下2分割でインテイクを挟み込む構造になっている。機首下面、インテイクサイドは別パーツにすることでパネルラインを再現している。主翼と垂直尾翼は塗装後に取り付けられるようになっていて塗装がしやすい。主翼下面付け根のレールマシンガンの銃口は別パーツ。頭部は左右分割され上面左右の小さなバルジは別パーツなので慎重に接着したいところ。レーザー砲センサーカバーのクリア

パーツには上下があるので注意。コンテナユニットは上下分割になっており、ビームガンポッドは3パーツ構成でコンテナユニットに固定される。ここは塗装後に接着するとよいだろう。脚部（エンジンナセル）はそれぞれ左右分割で接着する時に主脚収納部とコンプレッサーファンのパーツを組み込む。エンジンエアインテイクは3パーツ構成でカバーは開閉の選択式。インテイク内側のダクトパーツも短いながらも再現している。エンジンノズルは片側だけで8パーツで構成されておりタービンも別パーツ。可動する仕様なので軸部分に接着剤が回らないように気をつけよう。ここも塗装後に取り付けるのがおすすめ。主脚車輪はタイヤとホイールが別パーツで再現され、脚収納部ドア内側にも補強用モールドが施されている。前脚柱は着陸灯がクリアーパーツで再現され、タイヤとホイールは一体成型。前脚収納部裏側にも補強リブモールドが入っている。

デカールはハヤテ機が再現でき、塗装図は1/72で印刷されておりマスキング型紙にもしやすい

1/72 VF-31J "SIEGFRIED" Hayate

VF-31Jは、第5世代VFであるVF-31Aをベースに第5.5世代にバージョンアップした機体で、戦術音楽ユニット「ワルキューレ」の専属支援可変戦闘機として開発された。A型のエンジンをパワーアップしフォールドウェーブシステムを搭載。外観的な特徴として外翼を前進翼に変えている。また、複座が標準で後席は「歌姫の控え室」になっているという。

新統合宇宙軍はマクロス7のDr.千葉が確立した「サウンドエナジー理論」に基づくフォールドウェーブシステムを運用する特務部隊の必要性を認識してはいたが、専用機体の開発／維持、そして高い「歌エネルギー」を持つワルキューレ（高効率フォールドレセプター因子保持者）の選定などは巨額な予算や困難が予想されたため、部隊設立は先送りとなっていた。しかし2059年にはマクロス・フロンティアがバジュラと戦闘状態となり、最終的に「歌」で事態を解決したことを受け、新統合軍はようやく「戦術音楽ユニット」の創設を決める。

当初、戦術音楽ユニット「ワルキューレ」は極秘の特務チームとして運用されるはずであった。しかし、テスト運用中にフォールドウェーブシステムにより歌エネルギーを変換することで「事案」を解決したものの、非常に派手で目立ったため、隠密裏に作戦を遂行するのは現実的ではないと判明した。じつのところ、新統合宇宙軍広報部には数回のテスト出撃でワルキューレたちを目撃しその歌を聞いた市民から問い合わせが殺到し、いくつものファンクラブまでが作られたのだ。しかし、その存在によりかえって「深刻事案」の解決が隠されると踏んだ新統合宇宙軍はその存在を公表することにし、任務遂行のための「移動」は「巡業」とされることとなった。その際軍ではエンタテインメント組織の管理は難しいと「ワルキューレ」の運用を民間軍事プロバイダー「ケイオス」に委託している。

●2017年12月発売予定の1/72 VF-31Cミラージュ機（税込4104円 限定生産）。Δ小隊の紅一点、マックス＆ミリアの血を受け継ぐエースパイロットであるミラージュの搭乗機を再現するキット。C型用頭部はメインセンサーをクリアー部品で再現している。頭部周辺のパネルは、C型用頭部に合わせた形状の新パーツとなる

クロースカップルドデルタ翼の
VF-31一般機仕様

VF-31の一般機であるA型をキット化したもの。デルタ翼形状が採用された主翼、それに伴い大型化されたカナード、A型用頭部、独自の機首センサー、胴体上面中央にフォールドクォーツの代わりにフォールドカーボンが装着されている姿を再現している。

パーツの構成としては、本体の基本部分をVF-31Jのものと共用し、先述したカイロスの特徴となる外翼部、カナード、機首センサー、頭部、頭部周囲パネル部品に新規パーツが追加されている。

VF-31A KAIROS MACROSS DELTA

VF-31A カイロス
『マクロスΔ』
ハセガワ　1/72
インジェクションプラスチックキット
税込4104円　2017年発売

009
Limited edition

1/72 VF-31A "KAIROS"

　第一次星間戦争終了後から始まった人類種の存続をかけた移民計画は、銀河の1/4という広大な宙域にまで達し、50年経ってほぼ成功したと言える状況となった。しかし、その間移民惑星の統治や護衛艦隊の費用捻出のため地球統合政府の消耗は激しく、第4世代主力VFであるVF-19の地球圏への配備もままならない状態であった。すでに各移民惑星などではVF-24をベースとした独自のVFが開発されており戦力差は歴然としていた。マクロス・フロンティアでは、ついに単機でゼントラーディ基幹艦隊の戦闘力を持つといわれる第6世代VF VF-29を開発、圧倒的な戦力を持つに至って地球統合軍もようやく重い腰を上げる。そして危機感を持った地球統合軍が開発した第5世代VFがこのVF-31Aだ。
　VF-31AはVF-24エヴォリューションをベースに、L.A.I.ウロボロス支社で開発されたVF-30の技術を取り入れた。また、VF-30を参考に変形機構を大幅に見直し、VF-24では腕が収納されていた胴体下面にマルチパーパスコンテナシステムを設けることで、VF-31Aに究極のマルチロール機能を持たせた。これもVF-30用に開発されたシステムで、マイクロミサイルを収めたウェポンコンテナが基本だが、大型ミサイルを収納したコンテナや偵察ポッド、大出力ビーム砲、ブースターパックから工作員潜入用大気圏突入小型有人ポッドまで無数のコンテナが作られ、数分で交換が可能となっている。エンジンはVF-25搭載の熱核融合エンジンの出力向上型を搭載するが、当然ながら発展型の慣性制御システムISCを搭載し、その運動性能はVF-25をはるかに超える。コクピットはEX-ギア装着者の搭乗が前提で、複座への拡張も容易にできるよう設計されている。2061年に制式採用が決まり、とくに地球圏や地球直衛艦隊、それに地球統合政府の息が色濃くかかった軍事プロバイダーなどに配備を開始した。

010
MACROSS series. 28

Sv-262Hs DRAKEN III
MACROSS DELTA

**単発エンジンノズルが特徴的な
対VF局地戦用戦闘機**

特徴的なシートは4パーツでそれまでにない独特な形状を再現。パイロットフィギュアを乗せる場合は一部削り取るので乗せるか乗せないかを先に決める。パイロット・フィギュアは頭が別パーツで、ヘルメットかキース頭部かを選べる。コクピットフロアはバスタブ式で計器盤などは設定どおりない。胴体は上下2分割で上下を合わせる前にコクピットブロックとエンジンノズルを組み込む。タービンがモールドされた隔壁パーツにエンジンダクトを取り付ける構造になっている。インテイクは片側4パーツ構成で大気圏外運用のためのインテイクカバーはオプション。位置決め用の段差がインテイクダクト内側にモールドされているので大気圏内運用の設定の場合は埋めるか削り取っておこう。ガンポッドは左右分割で銃口と後部安定翼は別パーツ。後部の安定翼を立てる、立てないで駐機状態か飛行状態かを選べる。機体との接続はポリキャップでジョイントパーツは駐機状態と飛行／収納状態用の短いものと飛行射撃時用で左右に振れる長いものの交換式。

特徴的な単発エンジンノズルは片側8パーツでダクトまで再現。ベクタードノズルはポリキャップ保持で左右に可動し、塗装後にも組み付けることができる。脚収納部はドア内側にもモールドが施されている。脚収納部ドアも2種類付属し駐機状態と飛行状態が選べる。キャノピーは開閉とプロテクター有りなしの計4種からの選択式。開の場合はどちらもヒンジパーツを取り付けるようになっている。デカールは金色部分を箔押しデカールで再現しており非常にきれい。ただしクリアーコーティングをする場合はテストしてからにしたほうが安心だ。ハセガワのドラケンIIIは単体のキットと別に、リルドラケンがセットされたものも限定生産で発売されている。リル・ドラケン装着時はガウォークで駐機する設定なので、キットにはマクロススタンド1個が付属し、飛行状態で展示する仕様になっている。リル・ドラケンは内部のポリキャップで着脱でき、主翼は別パーツでドラケンIII装着時の跳ね上げ位置と単独飛行時の位置を選択できる。

40

1/72 Sv-262Hs "DRAKEN III"

　Sv-262は、第5世代VFのSV-260にフォールド・ウエーブ・システムを搭載することにより第5.5世代に引き上げたVF。ただし、Sv-262のフォールド・ウエーブ・システムはフル・スペックではなくエンジンや機動性能を引き上げることに特化していて、ゼネラル・ギャラクシーやウィンダミアではこれを「リヒート」と呼んでいる。

　Sv-260はもともと拠点防御用の局地可変戦闘機であった。主に移民星の防衛任務を想定して大気圏内での上昇力確保のため、機体は抵抗の少ないクリーンな外形で、ダブルデルタ翼を採用している。SV-260は大気内上昇力と最大速度において歴代可変戦闘機中でも最高性能を持っていたが、Sv-262はリヒート・システムによって更に優れた上昇力を有し、極めて短時間で衛星軌道上まで進出して迎撃を行なえる。外観上ノズルがひとつの単発機に見えるが構造的には双発。機体サイズは比較的小さく、機内容積が少ないため、内蔵兵装は27㎜レールマシンガンのみである。主翼は折りたたみ式で、跳ね上げると「リル・ドラケン」のドッキング装置が現れる。リル・ドラケンは無人戦闘機ゴーストシリーズよりひと回り以上小型のQFS-5050系無人機。多数の敵と対した際に、支援戦闘機として探知／ジャミング／攪乱などを行ない母機を支援する。通常は母機からの指令によって行動するが、母機との通信を遮断されると事前にプログラムされた行動指針によって自律行動を行なうこともできる。機体上面のみがエネルギー転換装甲化されているが、自機に装備されたエンジンではエネルギー転換装甲は稼動できず、母機とドッキングしている間だけエネルギー転換装甲を稼働して母機の「鎧」また「ブースター」として機能する。Sv-262は2機の「リル・ドラケン」とドッキングして行動することが可能だが、最大6機まで制御する能力がある。

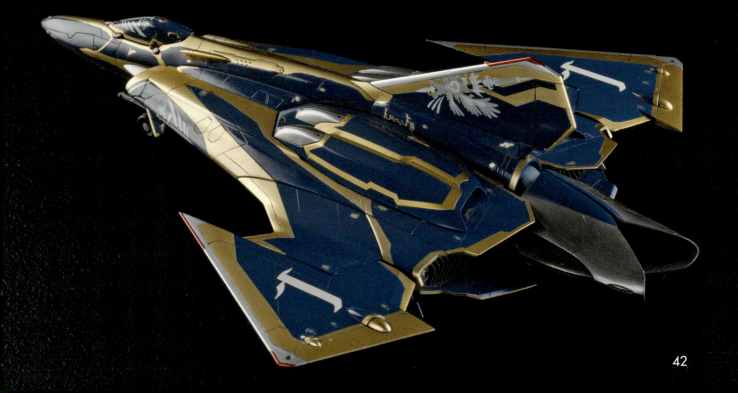

Sv-262Hs ドラケンⅢ キース機
w/リル・ドラケン
『マクロスΔ』
ハセガワ　1/72
インジェクションプラスチックキット
税込4752円　2017年発売（限定生産）

ウィンダミア王国空軍で運用されているSv-262ドラケンIIIは、「Sv」と冠されるところから察せられるように、ゼネラル・ギャラクシー社の対VF戦闘を主運用目的とした可変戦闘機である。

統合戦争時の反統合勢力が運用し統合軍のVF-0を苦しめたSv-51の基礎設計を行なったアレクセイ・クラーキンが創設したゼネラル・ギャラクシー社には、公にはあまり知られていない「Sv・ワークス」なる設計室がある。その時代時代の新統合宇宙軍主力VFの性能を凌駕するカウンターとなるVFを開発生産してきた設計室だ。「Sv・ワークス」の「Sv」とは「Slayer of Variable-fighter」の略と言われており、最新の主力VFを擁する部隊などが叛乱を起こした場合に鎮圧できるVFを開発している。つまり、VF-31AのカウンターがSv-260なる第5世代VFであり、Sv-262はSv-260を第5.5世代に引き上げたVFだ。

VF-31J第5.5世代VFがそうであったように、Sv-260を第5.5世代に引き上げるにはフォールド・ウェーブ・システムが必要だが、システムを構築するためのフォールド・クォーツは統合政府が厳重に管理をしておりGG社には研究用以上のフォールド・クォーツは提供されなかった。そこにとある人物からウィンダミア産のフォールド・クォーツを提供する見返りに一定数のSv-262を納入する話が舞い込んでくる。GG社はこれを受け、12機のSv-262と保守、追加パーツをウィンダミアに納入しゼネラル・ギャラクシー社はフォールド・ウェーブ・システムの充分な基礎研究を行なうことができた。

011
Limited edition

Sv-262Ba ドラケンⅢ ボーグ機／ヘルマン機
『マクロスΔ』
ハセガワ　1/72
インジェクションプラスチックキット
税込3888円　2017年発売（限定生産）

『マクロスΔ』に登場するウィンダミア空中騎士団所属のドラケンⅢ一般機仕様を再現したキット。
　パーツの構成としては、本体の基本部分をSV-262HSドラケンⅢのものと共用し、特徴であるショートノーズの機首部分とストレートラインの主翼外翼部を新規パーツで再現している。コクピットに着座姿勢のパイロットフィギュアと、プロテクターを排したキャノピーの部品が付属。
　デカールには、ウィンダミア空中騎士団所属 ボーグ・コンファールト搭乗機と、同ヘルマン・クロース搭乗機のマーキングが入っている。

**ショートノーズが特徴的な
ウィンダミア空中騎士団所属の一般機仕様**

1/72 Sv-262Ba
"DRAKEN III"

VF-1が開発途中だった2008年、早くも開発の主メーカーだったストンウェル・ベルコム社よりVF-1改良案が提出された。これはエンジンメーカーであるP&W/ロイスが出力向上型のエンジン、FF-2001Dを開発したことに伴うもので、改良型といっても出力向上型エンジンへの換装型である。開発は日本の新中州重工が担当、テストパイロットはVF-1開発チームのチーフ・テストパイロットであるロイ・フォッカー少佐が任命され、量産第1号機をテストベッドとしてエンジンと機体のマッチング／調整を行なった。開発はおおむね順調に進み、エンジンの出力向上に伴う各部の強化とバランス調整が行なわれ、それがブロック6以降の各型に適用された。新中州重工は、エンジンの発電能力が向上することで余裕が生じた電力による、センサー能力向上やレーザー砲を増やした武装強化型の頭部ターレットを提案する。のちにS型の識別点となるレーザー砲4門搭載の大型頭部ターレットである。このターレットを搭載したタイプは火力を含めた総合的な能力向上型として承認されS型と呼称される。

しかしレーザー砲を4門必要とするので、S型を1機完成させるには4機のA型の完成を遅らせる必要がある。そもそもレーザー砲の供給自体も遅れていたため生産は遅々として進まなかった。すべてのS型の生産が新中州重工で行われたが、多い年でも年に8機、ときに生産が行なわれない年もあり、計6000機あまり生産されたVF-1のなかでもS型の総数は30機程度であったとされている。

したがって、従来言われているような「S型は指揮官専用機」であるとか、「ベテランしか扱えないピーキーな機体」、というよりは、単に数が揃えられず優先的に指揮官やベテラン・パイロットにまわされただけというのが実情であった。

なお、フォッカー少佐によりテストされたVF-1量産第1号機はのちにS型仕様にされて実戦部隊に配備されたが、配備先だった空母プロメテウスの当時の航空団司令がロイ・フォッカー少佐その人。同少佐は配備されてきたS型の素性を知るや、機体に自分の名前を入れ垂直尾翼にはパーソナルマークの髑髏を描き入れ、その機体は"ロイ・フォッカー・スペシャル"と呼ばれ一般市民にも親しまれたという。

012

MACROSS series .19

VF-1A/J/S バルキリー
『超時空要塞マクロス』
『超時空要塞マクロス 愛・おぼえていますか』
ハセガワ　1/72
インジェクションプラスチックキット
税込2160円　2005年発売

誰もが欲しかったリアル航空機テイストのVF-1。ハセガワ製VF-1の発売は衝撃的だった。何よりレジン製ガレージキットではなく作りやすく入手しやすい一般販売のプラモデルとして発売が歓迎された。これで劇中機の再現のみならず「俺マーキング」のオリジナル機で遊べるようにもなったと喜んだモデラーも多かっただろう。スケールキットではあたりまえだったキャノピーのΩ型再現のためのパーティングラインが、アニメモデルから入った人たちの間で物議を醸したりもした。

キット自体はジェット機のプラモデルとしては非常にオーソドックスな構成で、可変後退角翼の連動ギミックを内蔵しながら主翼自体は塗装後に取り付けられる。これは既存のスケールモデル可変後退角翼キットでの経験を活かした設計だ。頭部の違いでA／J／S型の選択が可能で、エアブレーキは開閉選択式、エンジンノズルは可動する。

デカールはVF-1S ロイ・フォッカー スペシャル、劇場版VF-1AとTV版VF-1Jの両方の一条輝機用の3種がセットされている。こまかいステンシルや数字も入っているので、機番を変えて一般機を製作するといった遊びもよいだろう。

**航空機テイスト溢れるアレンジも麗しい
ハセガワマクロスシリーズの祖**

1/72 VF-1A/J/S "VALKYRIE"

1999年、太平洋の南アタリア島に墜落した巨大な物体、のちに「マクロス」と名付けられる異星人の巨大宇宙船は、地球人類の意識を大きく変えた。未知の敵に対し一丸となって対抗するべく「地球統合政府」が発足し、同時に「地球統合軍」が創設された。それに際して、異星人の兵器に対抗しうる新たな発想による兵器群の開発が進められたが、その代表ともいえるのがこのVF-1バルキリー可変戦闘機である。

その形態は可変後退角翼を備えた従来の双発双垂直尾翼のジェット戦闘機に酷似しているが、各部のブロックを組み替えることで人型に変形する。また、化石燃料を使う従来のジェットエンジンではなく、小型核融合炉を内蔵する熱核融合エンジンを搭載しており、空気を推進剤とするので大気圏内では核融合燃料の続く限り飛行することが可能。その航続距離は地球数周分と言われている。また、コンバインドサイクル・エンジンとなっており、マッハ3〜4近辺まではジェットエンジン、それ以上はラム・ジェットエンジン、大気圏外ではロケットエンジンとして作動するので、大気圏内外のどの空域でも運用することが可能となっている。

機内搭載武装として機首下面にレーザー砲を搭載しており、A型は1門となっている。これはバトロイドモードでは対空火器となる。翼下にはパイロンを介し空対空ミサイルや大型反応弾、さらに旧来の航空爆弾や空対空ミサイルなども搭載が可能。また、アクティブ・ステルス機能を備えているため、従来のステルス機よりレーダーで探知されにくくなっており、戦闘機形態の戦闘能力は従来型戦闘機を大きく凌駕する。

人型（バトロイド）モードでは、機体内の高性能キャパシターからの電力供給により各部の超伝導モーターを駆動する。バトロイドモードでは出力に余裕ができるため、マクロス艦内で得られた異星人の技術OTM（Over Technology of Macross）を応用したエネルギー転換装甲を作動させることで、機体外板を戦車の装甲板並みの強度に変化させることができる。VF-1の登場は地球人類の兵器における「戦闘機」の概念を一新させ、以降、人類が開発する主力戦闘機はすべてヴァリアブルファイターとなった。

1/72 VF-1A/J/S "VALKYRIE"

　2007年の統合戦争終結宣言後も世界各地で反統合勢力と地球統合軍の紛争は続いており、VF-1バルキリーの当面の敵は未知の異星人ではなく反統合勢力であった。その反統合勢力もまた可変戦闘機を保有しており、統合軍においてVF-1の量産は急務であった。
　VF-1は、いち早く数を揃える必要性から世界中で生産すべく計画が進められた。しかしあまりにも急いだために仕様を統一することができず、世界各地の生産拠点によって細かな差異が生じていた。また、独自に改修を加えるメーカーもあってその代表的なものがこのJ型である。VF-1Jは日本の新中洲重工独自の仕様でありJ型の「J」はJAPANの頭文字とも言われているが記録が失われたため本当のところはわからない。
　VF-1Jの基本はA型だが、バトロイドの頭部ターレットが標準のA型より大型化されており、同様に光学センサーも横に広い大型のものになっている。レーザー砲がターレット両脇に2門搭載されているのが外観の特徴だ。新中洲重工では本来のレーザー砲1門のA型仕様の機体も生産しており、同社の生産機は非常に丁寧な工作がなされていて精度が高く、故障も少なくて現場のパイロットや整備員にも好評であった。
　新中洲重工では一部のA型の頭部ターレットを交換してJ型にしていたというが、そもそもVF-1のレーザー砲はテストの結果火力と制御のバランスから2門が最適とされていたが、単にマウザー社からのレーザー砲供給が追いつかないためやむなく1門仕様の頭部を作り、それをA型とした。1門を必要とするJ型の生産のために貴重なレーザー砲を1門回せばA型の生産が1機減るので、新中洲重工でもそう多くのJ型が生産できたわけではなく、S型に次ぐ希少型と言われている。
　なお、J型には独自の大型センサーが取り付けられており、FCS（火器管制システム）も大型センサーからの入力と2門のレーザー砲の制御に対応するようプログラムの一部が書き換えられ強化されている。それゆえ、多数の火器を追加したアーマードシステムとの相性がよく、アーマードシステム装着専用機として運用されることも多かったという。

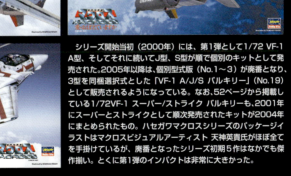

シリーズ開始当初（2000年）には、第1弾として1/72 VF-1 A型、そしてそれに続いてJ型、S型が順で個別のキットとして発売された。2005年以降は、個別型式版（No.1～3）が廃番となり、3型を同梱選択式とした「VF-1 A/J/S バルキリー」（No.19）として販売されるようになっている。なお、52ページから掲載している1/72VF-1 スーパー/ストライク バルキリーも、2001年にスーパーとストライクとして順次発売されたキットが2004年にまとめられたもの。ハセガワマクロスシリーズのパッケージイラストはマクロスビジュアルアーティスト 天神英貴氏がほぼ全てを手掛けているが、廃番となったシリーズ初期5作はなかでも傑作揃い。とくに第1弾のインパクトは非常に大きかった。

劇場版のスカル小隊所属機が すべて再現できる豪華仕様キット

それまで個別に発売されてきていた劇場版仕様のVF-1S ストライクバルキリー、VF-1Aスーパーバルキリーのパーツをすべて同梱することで、作る側が好みの機体を選択可能としたオールインワンパッケージの豪華版普及キット。デカールは輝／フォッカー／マックス／柿崎機を再現でき、スカル小隊全機を網羅した内容となっている。別売のVF-1バルキリーウェポンセットを組み合わせることでフル装備状態として製作することも可能だ。

ベクターノズルは可動式で開閉状態を再現することが可能。尾翼はブースターを取り付けるために折り畳んだ状態のパーツとなっている。また、頭部はVF-1SとVF-1Aの2種が付属するので、輝機はS型とA型を選んで製作することが可能だ。

1/72VF-1ファイターモード用として「VF-1 バルキリー エッチングパーツ」(税込1296円)も販売されており、これを使えばコクピット、機首／胴体部ブレードアンテナ、バックパックスリット部、ブースター用パネルなどがディテールアップできる。

013

MACROSS series. 17

VF-1 スーパー/ストライク バルキリー
『超時空要塞マクロス 愛・おぼえていますか』
ハセガワ　1/72
インジェクションプラスチックキット
税込3024円　2004年発売

1/72 VF-1 "SUPER/STRIKE VALKYRIE"

VF-1では、開発当初から大気圏外での運用時間の短さが問題となっていた。大気圏内ではほぼ無限ともいえる長時間の運用が可能であるいっぽう、大気圏外での運用限界はほぼ5分程度と、そこには極端な格差があった。

大気圏外での運用時間の短さは、意図的に機体を小型化したため機内のプロペラントの搭載スペースが確保できなかったことに由来する。当面の敵は反統合勢力で大気圏内戦闘が中心となると考えられていたため、大気圏外運用については優先順位が低かったのだ。そこに外付けコンフォーマルタンクとウェポンパックを装着することで運用時間の延長と戦闘能力向上を同時に図れるという画期的な案が考え出され、試作とテストが開始される。軌道上の宇宙空母アームドⅠ、及びⅡによる運用テストのほか、修復され統合宇宙軍戦闘艦となったSDF-1マクロスにも数セットが持ち込まれ実運用に即したテストが行なわれることになった。しかし、2009年9月のマクロス進宙式当日にゼントラーディ軍が南アタリア島攻撃を開始。マクロスは冥王星軌道までフォールドしたため軌道上の宇宙軍艦艇は全滅しテストどころではなくなってしまった。

マクロスでは執拗なゼントラーディ軍の攻撃に対しVF-1の大気圏外能力の低さが露呈し、いやおうなしにコンフォーマルタンクとウェポンパックに頼らざるを得ない状況になっていた。コードネームを"ブービーダック"としたこのセットは、エンジンナセル側面と腕部に姿勢制御スラスターを内蔵したコンフォーマルタンク、胴体背面左右には大出力の加速用ロケットエンジンとプロペラントタンク、その前部にウェポンパックを装着するというものだ。通称「スーパーパック」と呼ばれ、このセットを装着したVF-1をスーパーバルキリーと呼んだ。このスーパーパックの威力はすさまじいものがあり、加速性能でゼントラーディの機動兵器と互角、ウェポンパックに収められたマイクロミサイルにより複数目標に同時攻撃を仕掛けられるようにもなった。また、ウェポンパックは大出力の二連ビーム・カノンに交換することも可能で、こちらは「ストライクパック」、装着したVF-1をストライクバルキリーと呼んだ。

レドームを装備したというより、レドームそのものを装備した形態で組み立てることができる。また、地上に戻った輝と美沙が搭乗したブースター／プロペラントタンクを装着しない大気圏内運用時の姿で組み立てることもできるようになっている。

後席にミンメイを乗せたくなる非武装複座型訓練機

劇場版に登場した大気圏外専用ブースター装備の複座型練習機VT-1を再現したキット。
スーパーバルキリーと大きく形状が異なるブースター、プロペラントタンク、頭部はもちろんのこと、複座の機首、それに合わせた形状のキャノピー、翼端の形状が異なる主翼、機体上面部などがVT-1のための新規パーツとして追加されている。
レドームを装備したというより、レドームそのものな頭部は、レーダー部分の格納／展開状態を選択して組み立てることができる。また、地上に戻った輝と美沙が搭乗したブースター／プロペラントタンクを装着しない大気圏内運用時の姿で組み立てることもできるようになっている。
ながらく生産が休止されていたが、今年（2017年）10月下旬にVE-1と同時に再販予定。

014

MACROSS series. 07

VT-1 スーパーオストリッチ
『超時空要塞マクロス 愛・おぼえていますか』
ハセガワ　1/72
インジェクションプラスチックキット
税込2592円　2001年発売

1/72 VT-1
"SUPER OSTRICH"

　従来機からVF-1への機種転換訓練用としてはもともと複座のD型が存在したが、コクピットブロックの構造から大気圏外での運用はほぼ不可能であった。しかし将来的にはVF-1の大気圏外運用の機会が大幅に増えると予想されたため、大気圏外運用が可能な練習機として開発されたのがVT-1である。
　VF-1Dとの大きな違いは大気圏外運用を可能とするためコクピットブロックの設計が一新されたことで、それに伴い胴体の分割ラインが変更され、垂直尾翼は折りたたみ機構を廃止、尾部ブロックごと前方に倒れる機構となった。頭部ターレットは簡易型のセンサーアレイのみで、生産が軌道に乗ったとはいえまだまだ足りなかったレーザー砲は他のVF-1に回された。頭部ターレットには訓練用の照準確認用低出力レーザー発振機が搭載されている。大気圏外での運用時には他のタイプのVF-1と同様にコンフォーマルタンクとロケットエンジンを装着するが、戦闘機型VF-1のものと異なりプロペラントの容量が増やされている。また、エンジンナセルのコンフォーマルタンクには前方へのスラスターが追加されており、これは危険回避時に教官だけが作動させることができる。背面のエンジンポッドの前方には他のパックと同様にウェポンパックやプロペラントタンクが装着可能だが、通常の訓練時には視界確保のためにショートタイプのプロペラントタンクとセンサーユニットだけを装着する。翼端にはセンサーが追加され、姿勢制御用スラスターもプロペラントの容量が増やされている。
　VF-1が主力戦闘機の座を明け渡し始めた2010年以降には、VT-1の練習機としての役目も終わりを告げる。これは、シミュレーター技術が発達したことにより、訓練生がいきなり単独で飛行が可能なように訓練体系の見直しが図られたためである。しかしVT-1はもともと頑丈な機体であったためまだまだ耐用年数は残っていたので、大気圏外において航宙艦の間をつなぐ連絡機に転用したり、電子装備を充実させて電子戦用訓練機へと換装したり、あるいは戦場における前線航空管制機として再スタートを切る機体もあり、民間に払い下げられる機体も多かった。

VE-1 エリントシーカー（早期警戒機）
『超時空要塞マクロス 愛・おぼえていますか』
ハセガワ　1/72
インジェクションプラスチックキット
税込2592円　2001年発売

015

MACROSS series. 08

　劇場版に1カットのみ登場し、敵母艦の位置を特定してマクロスの主砲発射をサポートした早期警戒機VE-1 エリントシーカーを再現したキット。
　キット内容は複座型のVT-1をベースとしているが、特徴的な機体上面のロートドームのパーツや、大気圏外用の大型ブースター、エンジンナセル両サイドのプロペラントタンク、機体下面のアンテナ、独特な形状の頭部などは新規パーツを追加して再現している。機体下面レーダー類は河森監督の描き下ろし新設定に基づいて再現されたもので、中継用アンテナはパーツの組み替えにより展開状態と収納状態を選択できるようになっている。デカールは統合軍所属機、機番071を再現する。
　ながらく生産が休止されていたが、今年（2017年）10月下旬にVT-1と同時に再販予定。

**ロートドームとアンテナが特徴的な
EWACシステム搭載の早期警戒管制機**

1/72 VE-1 "ELINTSEEKER"

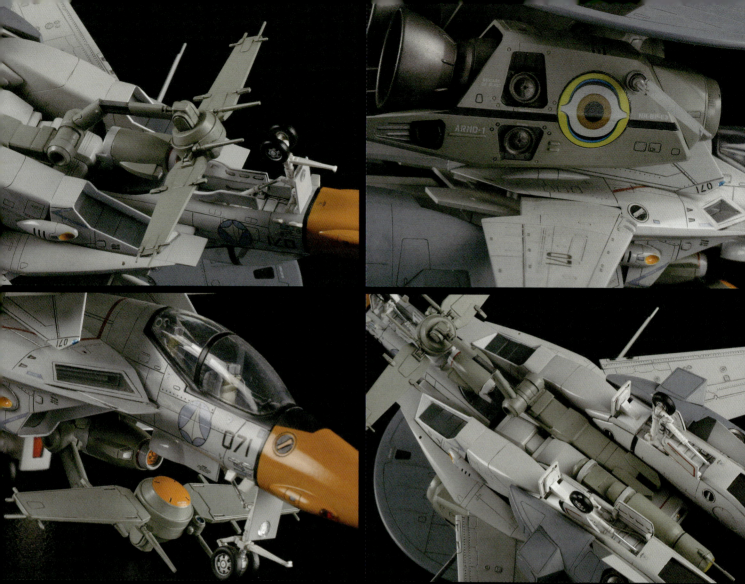

VF-1には多くのバリエーションが存在するが、円盤型のロートドームを背負った早期警戒管制機(AWACS)はVF-1開発当初からリスト入りしていたもので、VF-1Gとして生産された。基本的な機首ブロックの仕様はVF-1Dと同様で、単座型の後方にあった大気圏外運用時用のパイロット生命維持装置の大半を撤去することで後席を設けているため大気圏外運用がほぼ不可能であった。また、12機が完成し運用を開始したところで第一次星間戦争がはじまりすべて破壊されてしまったため、実質的な後継機としてVT-1ベースの新たな早期警戒管制機が開発されることとなる。それがVE-1で、機体そのものはVT-1とほぼ変わらなかったため生産ラインは同一化された。

VF-1Gでは機体の背面に支柱で直接取り付けられていたロートドームだが、VE-1ではVT-1と同じタイプの背面ブースターパックに取り付けられており、10秒で一回転する。内部には大型レーダーが2基背中合わせに取り付けられており、一回転で2回、360度全周をスキャンできる。運用時には機体下面から母艦や司令部など上位中枢と直接通信が可能なHF／UHF／VHFなど各周波数帯に合わせた大型多目的アンテナを展開する。エンジンナセル側面のコンフォーマルタンクはVT-1と同一形状だが、前方スラスターを廃止し、代わりに自衛のための近距離側方レーダーを搭載。ガウォーク及びバトロイドへの変形も可能で、腕部を展開すると腕部コンフォーマルタンクに取り付けられた側方レーダーの索敵範囲が広がり、きめこまかい探知が可能となる。非武装ゆえ会敵前に探知し回避する機能が非常に重要で、パイロット及び管制員には高度な能力が要求された。VF-1、VT-1の退役開始後も運用が続けられ、VF-4やVF-5000などの最新鋭可変戦闘機に混じって空母でその姿を見ることができた。VE-11などの後継機が配備されると電子戦用訓練機や無人ゴーストシリーズの管制機としても使用されるようになり、就役してから40年、50年経つ機体も少なくないという。

VF-1への機種転換訓練用に開発された複座の練習機型がVF-1Dである。複座化のためファイター・モードのときに若干機首が延びているほかは他のVF-1型と大差はない。ただし後席追加のため本来前席の後方に搭載されていた大気圏外でのパイロットの生命維持装置の大半が撤去されており、実質的に大気圏外での運用は不可能。したがって本機での訓練は大気圏内に限定された。それでもファイターからガウォーク、バトロイドへの変形機構は完全に有していたため、練習機としての存在価値は充分にあった。総生産数は100機にも満たないが、訓練飛行隊3個は編成可能だったので、初期のバルキリーパイロットの養成にはおおいに役に立った。また、軍や政府の関係者、パイロット希望者にVF独特の搭乗感を味わってもらうための体験搭乗機としてもよく使われている。

バトロイドの頭部ターレットはD型独特のもので、モニターカメラが縦に2基配置されているのが外観的な特徴となっている。2基のカメラは各々がそれぞれ前席と後席のモニター用というわけではなく、下の1基からの映像が前後席のメインモニターには映し出される。上の1基は広域監視及び記録用のモニターカメラとなっていて、指揮所での訓練監視／確認に使用するほか、映像として記録したものを訓練後のデブリーフィングに用いるためのものだ。左右のレーザー砲はダミーで、内部には照準用の低出力レーザー発振機が収められている。生命維持装置は搭載されていないものの、コクピットブロックは他のVF-1各型と同様に分離機能を有しており、南アタリア島でのゼントラーディ軍の攻撃時には、早々に損傷したVF-1Dのコクピットブロックを分離し、別のVF-1の腕部に装着してマクロスに運んだことが報告されている。

016
Limited edition

VF-1D
『超時空要塞マクロス』
ハセガワ　1/72
インジェクションプラスチックキット
税込2592円　2008年発売
（イラストパッケージ版 限定生産）
＊初回生産の完成見本写真パッケージ版は
2002年発売 税込2160円(限定生産)

従来機などからの
VFへの機種転換用
複座形訓練機

TV版の第1～3話に登場した複座型VF-1Dを再現したキット。複座型機首およびコクピット、前後に伸びたキャノピー、D型頭部を再現しており、合わせて胴体の形状とモールドも変更。VTやVEも同じ複座型であるが、それらとは座席配置が異なるためよりなだらかになっている機首のラインをキットのパーツでは的確に再現している。なお、パーツ成型色はD型をイメージしたフレッシュ。
デカールはカルトグラフ製で、統合軍 所属機（機番102）ほかを再現することができる。
VF-1Dには専用のエッチングパーツが付属し、劇場版仕様のコクピット、機首部ブレードアンテナ、胴体部ブレードアンテナ、ベクターノズル内側ディテールなどがディテールアップできる。
なお、2008年には同じ内容のキットがイラストリニューアルパッケージで販売されている。

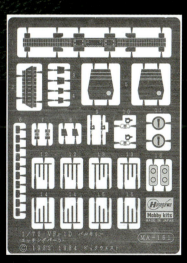

1/72 VF-1D
"VALKYRIE"

017
Limited edition

VF-1Jバルキリー
マックス＆ミリア 2機セット
『超時空要塞マクロス』
ハセガワ　1/72
インジェクションプラスチックキット
税込3240円　2002年発売（限定生産）

VF-1D バルキリー "バージンロード"
『超時空要塞マクロス』
ハセガワ　1/72
インジェクションプラスチックキット
税込1944円　2002年発売（限定生産）

　第一次星間戦争において歴史的な異星人間の結婚を果たしたマクシミリアンとミリア、ジーナス夫妻の結婚式の状況は全世界へと中継放送された。その際に二人が搭乗していたのは複座の練習機型VF-1Dで、マクシミリアン・ジーナス中尉のパーソナルカラーである青を基調に機首や主翼に白いストライプを入れ、垂直尾翼は白ベースで前縁とラダーを青に塗り分けていた。なおこのときの二人は、マクシミリアン・ジーナス中尉が白のタキシード、ミリア夫人はウエディングドレスで搭乗している。
　中継はゼントラーディ軍の機器でも視聴できる映像フォーマットに変換されてゼントラーディ側にも送信された。もちろんゼントラーディ側の意識を変えさせることで休戦に持ち込む狙いであったのだろうが、中継を見たゼントラーディ側では兵士に動揺が走ったため、上層部が中継をやめさせるべく逆にマクロスへの攻撃命令を下すことになった。この際、式を挙げたばかりのジーナス夫妻もこのVF-1Dで迎撃に出ている。ミリア夫人はこのあとゼントラーディ軍を自主的に退役後統合宇宙軍にパイロットとして編入、今度はゼントラーディ軍相手に戦った。そこで搭乗した専用機が結婚式で搭乗していたD型のカラーリングを赤に変えたVF-1Jで、マクシミリアン中尉も結婚式時のVF-1Dのカラーリングを踏襲した青いVF-1Jを専用機とした。当時飛行隊長であった同中尉だったが、通常の戦闘飛行任務からは外され、ミリア夫人とペアを組んだ独立遊撃隊的な扱いで艦隊直属隊としてさまざまな任務をこなした。

マックスのパーソナルカラーである青と、ミリアのパーソナルカラーの赤で成型された「VF-1J」が入っている2機セット。5000個が限定生産販売された。デカールを除くパーツの形状／構成はJ型のキットとまったく同じ。

劇中後半に登場したJ型のマックス＆ミリア機が再現できるほか、A型頭部のパーツも入っているので、機体No.111のバーミリオン小隊仕様マックス機も製作可能となっている。

また、ふたりの乗機としては、マックスとミリアの結婚式にふたりが搭乗したVF-1Dを再現する「VF-1D "バージンロード"」も5000個限定で生産販売されている。こちらもデカールを除くパーツの形状／構成はD型のキットとまったく同じで、成型色が青になっている。デカールは機体の所属をマクロス、プロメテウス、アームド1から選択可で、オリジナル設定のハートをモチーフとしたパーソナルマークなどもセットされている。パッケージイラストはキャラクターデザインの美樹本晴彦氏描き起こし。

エンジンとアビオニクスに改良が施された後期生産型のエースパイロット御用達機

1/72 VF-1J "Max & miria"

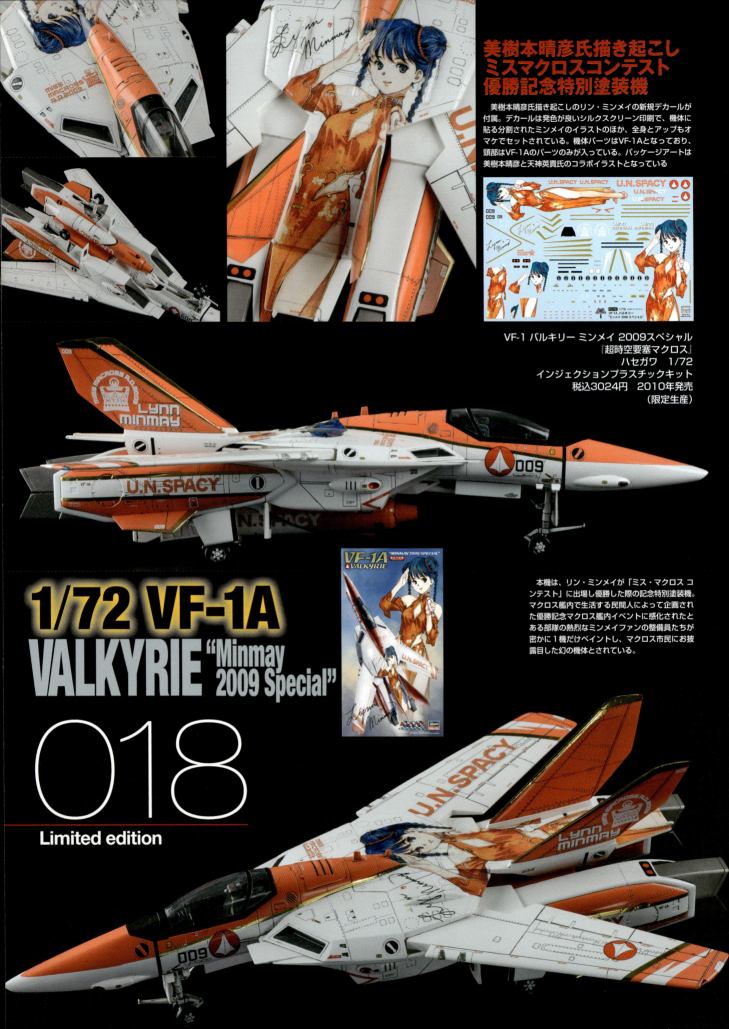

019
Limited edition

1/72 VF-1A
VALKYRIE "Angel birds"

キットにはA型のパーツが入っている。ガンポットも付属しているが展示飛行仕様である本機では使用しない。付属する新規デカールはカルトグラフ製

VF-1A バルキリー エンジェルバーズ
『超時空要塞マクロス』
ハセガワ　1/72
インジェクションプラスチックキット
税込2160円　2002年発売
（限定生産）

TV版冒頭に登場した
マクロス進宙式典
アクロバット仕様機

エンジェルバーズは、2009年9月のマクロス進宙式でVF-1の高性能を見せつけるために編成されたアクロバットチーム。パイロットはすべてVF-1への転換訓練部隊の教官から選抜され、なかにはVF-1開発チームの元テストパイロットも所属していたという。機動展示飛行は1から4番機までがフォーメーションフライトの展示飛行を行ない、5番機と6番機のソロフライト2機がそれに絡むアメリカンスタイルで行なわれた。ほかに複座のVF-1Dの2機が7番機、8番機として連絡や予備機に使われた。機体はアクロバットチームらしく赤と青と白で派手に塗り分けられ垂直尾翼には機番が記入されていた。

VF-1エンジェルバーズの展示飛行は進宙式の1回のみに終わった。午前の展示飛行終了後にゼントラーディ軍の攻撃がはじまったが、エンジェルバーズの機体はアクロバット専用機で無武装だったため、全機がマクロス艦内に避難、収容される。フォールド後地球帰還までは、武装が施されて同様に避難収容された他の飛行隊と同じくゼントラーディ軍の機動兵器相手に戦い、一機も損失することなく全機地球に帰還している。なお、艦内で再塗装する余裕がなかったので、全機アクロバットチーム仕様のカラーリングのままであったという。地球帰還時には機首に多くの撃墜マークが描き入れられており、派手なカラーリングと合わせて一種異様な雰囲気を醸し出していたという。

021
Limited edition

1/72 VF-1S VALKYRIE "25th Anniversary"

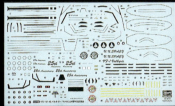

VF-1S バルキリー マクロス25周年記念塗装
『超時空要塞マクロス』
ハセガワ　1/72
インジェクションプラスチックキット
税込2592円　2007年発売
（限定生産）

『マクロス』放映25周年 河森正治氏監修の特別塗装機

1982年のTV版『超時空要塞マクロス』の放映から25周年を記念して、河森正治氏がコンセプトデザイン、天神英貴氏がペイントデザインをしたスペシャル塗装仕様。カルトグラフ製デカールが付属。

023
Limited edition

1/72 VF-1J
SUPER/STRIKE VALKYRIE "SVF-41 Black aces"

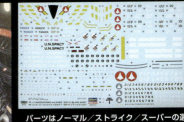

パーツはノーマル／ストライク／スーパーの選択式で頭部はA/J/S型が付属。デカールはカルトグラフ製でノーマルとスーパーバルキリー用のマーキング2種がセットされている

VF-1J スーパー/ストライク バルキリー
SVF-41 ブラックエイセス
『超時空要塞マクロス』
ハセガワ　1/72
インジェクションプラスチックキット
税込3456円　2008年発売
（限定生産）

アメリカ海軍から移行し数々の戦闘をくぐり抜けた飛行隊ブラックエイセス機

SVF-41ブラックエイセスは、地球統合政府樹立前のアメリカ海軍の戦闘飛行隊VF-41ブラックエイセスがそのまま統合宇宙軍に移行した部隊で、F-14DトムキャットからVF-1バルキリーに機種転換した唯一の部隊でもある。順次機種転換訓練部隊に送り込まれて訓練メニューをこなしたパイロットたちはもともと士気も練度も高く、誰一人エリミネートされることなく全員がVF-1のライセンスを取得。機種転換後は攻撃空母CVN-101プロメテウスに搭載されひと通りの訓練航海に参加。その後宇宙空母アームド1への搭載が決まり、いったん旧アメリカのホームベース リムーア基地に帰ったところでゼントラーディ軍の南アタリア島攻撃に遭う。その際アームド1は破壊されたが、奇跡的に建造途中のアームド7が破壊を免れたので、統合宇宙軍は急ぎこれを完成させる。2009年10月にはブラックエイセスは他の2つの戦闘飛行隊とともにアームド7に搭載され、地球軌道上の防衛任務に就いた。翌年いやおうなしに第一次星間戦争に巻き込まれたが、初めての異星人との大気圏外戦闘は想像を絶する壮絶な戦いとなりアームド7は大破、ブラックエイセスも5機が未帰還となった。結局アームド7は廃棄処分となり、生き残ったものの行き場を失ったブラックエイセスは解隊された。その後地球復興支援のため1年後に再編され、地球の各地で治安維持任務についたあとVF-4に機種転換した。

025
Limited edition

1/72 VF-1A VALKYRIE "5grand Anniversary"

ロールアウト001同様、シルクスクリーン印刷のデカールは金色部分がメタリック箔押し。

VF-1A バルキリー 生産5000機記念塗装機
『超時空要塞マクロス』
ハセガワ　1/72
インジェクションプラスチックキット
税込3024円　2009年発売
（限定生産）

2013年5月に月面のアポロ工場でロールアウトした5000機目のVF-1

当初はASS-1から得た情報だけに基づき手探りで決定した仕様で作られたVF-1だったが、実戦では意外な活躍を見せ、ゼントラーディ軍の機動兵器に真正面から立ち向かってこれを撃退した事実は、生き残った人類を大いに元気付けた。休戦協定を結んだゼントラーディ軍からの情報でこの宇宙にはまだ多くのゼントラーディ軍がいることがわかり、地球防衛力の増強は急務であるとされた。そこでまずゼントラーディ軍の機動兵器に対抗できる兵器であるVF-1の生産計画が立てられた。

急ぎ数を揃えるために世界中で生産されることになったが、ボドル基幹艦隊との第一次星間戦争で地球上の生産施設はほぼ壊滅し設計図なども失われてしまった。そこで、マクロス艦内に残された資料と奇跡的にゼントラーディ軍に発見されず生き残った月面アポロ基地に残る資料を合わせ、2011年に地球上と月面、L5の工場衛星で早くも生産が再開される。2013年5月には月面アポロ基地のVF-1生産工場で通産5000機目のVF-1が完成した。戦前の3年間で2000機あまりが生産されたVF-1だが、戦後同じ3年間で3000機が生産されたことになる。5000機目は1号機と似たカラーリングが施され、垂直尾翼と機首には5000機目を表す「5GRAND」の文字が入れられている。この機体は、月面アポロ基地と地球のマクロス・シティ上空でエンジェルバーズの面々を従えてフライパスを行なった。

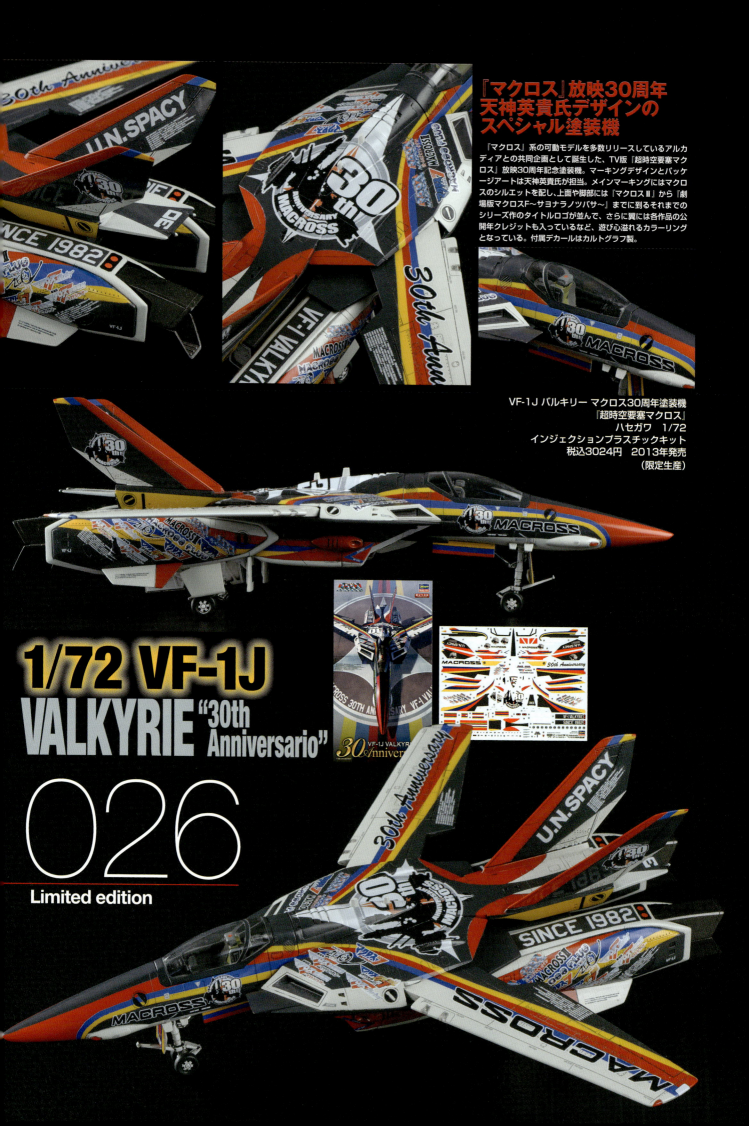

027
Limited edition

1/72 VF-1EX
VALKYRIE "Macross Δ"

EX-ギア仕様のコクピットはレジン製パーツが付属。シルクスクリーン印刷のデカールはハヤテ搭乗機とミラージュ搭乗機の選択式。

VF-1EX バルキリー
『マクロスΔ』
ハセガワ　1/72
インジェクションプラスチックキット
税込3672円　2016年発売
（限定生産）

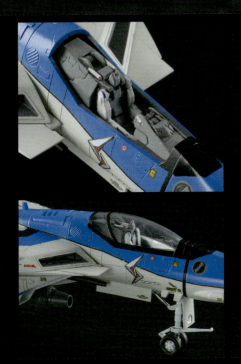

コクピットがEX-ギア仕様に換装された『マクロスΔ』登場機体

VF-1は2010年代で生産を終了したが、もともと頑丈に作られた機体だったため、統合軍が特殊用途で密かに運用していたり、民間に払い下げられた機体が2050年になっても変わらず飛行していた。人類が存在するところにはたいていVF-1が存在していたとも言える。2050年代に近代化改修を受けたVF-1Plusをベースにさらに改修を加えたのがVF-1++で、エンジンを無人機ゴースト用熱核バーストジェットエンジンに換装し各部を新材料にて強化することでVF-11など第2世代可変戦闘機に匹敵する性能を持たせている。なかでもVF-25以降に標準装備されたEX-ギアに対応するVF-1++をVF-1EXと呼ぶ。EX-ギアは新世代VF用コクピットシステムの一部で、パイロットの体に直接装着する。コクピットにシートはなく、EX-ギアを装着したパイロットがコクピットに乗り込むとEX-ギアが自動変形してコクピット内のEX-ギアマウントに接続、手首のユニットからは操縦桿とスロットルレバーが、また足首のユニットからはフットペダルが現れて操縦可能となる。VF-1EXは軍事プロバイダーのケイオス社が所有しており、惑星ラグナに駐留するマクロス・クォーター級高機動空母マクロス・エリシオンを母艦とするケイオス・ラグナ航空団に16機配備されている。これらは主に練習機として使用されているが、連絡用として、またまれに特殊用途で運用されることもある。

『マクロス』放映35周年 天神英貴氏デザインの 最新記念塗装機

2017年9月のマクロスオーケストラコンサート「超時空管弦楽」会場にて発表された、TV版『超時空要塞マクロス』放映30周年記念塗装機。同時に同じモチーフでデザインされたVF-31Jジークフリードも公開された。マーキングデザインは天神 英貴氏が担当し河森正治氏が監修を行なっている。デカールはシルクスクリーン印刷で金色部分は箔押しとなっている。

VF-1J バルキリー マクロス35周年塗装機
『超時空要塞マクロス』
ハセガワ　1/72
インジェクションプラスチックキット
税込3024円　2017年発売
（限定生産）

1/72 VF-1J VALKYRIE "30th Anniversary"

028
Limited edition

VF-1 バルキリー ウェポンセット
『超時空要塞マクロス 愛・おぼえていますか』
ハセガワ 1/72
インジェクションプラスチックキット
税込1080円 2001年発売

1/72 VALKYRIE WEAPON SET

ノーマルバルキリーとスーパーバルキリーのファイター形態の翼下面に搭載する武装パーツセット。別売の1/72VF-1と組み合わせて使用する。
セットされる武装は、RMS-1大型対艦反応弾×6発、AAM-1ミサイル3発×4、UUM-7マイクロミサイルポッド・ビフォーズHMM-01×4基とそれぞれのパイロン。また、劇場版仕様のプラスチック製着座姿勢パイロットフィギュア2体、マーキングを再現できる専用デカールも付属している。
武装類のVF-1への取り付けの際、翼パーツへの穴あけ加工が必要となる。接着固定してもよいが、可動翼の動きに合わせて向きを揃えたいならば、真ちゅう線などで軸打ち固定するとよい。挿し込むだけにしておけば完成後も着脱や向きを変えることができる。

マクロス スタンド
『超時空要塞マクロス』
ハセガワ 1/72
インジェクションプラスチックキット
税込1080円 2002年発売

MACROSS DISPLAY STAND

1/72のファイター形態を展示できるスタンド（2個セット）。着陸脚を収納した状態やVT-1のアンテナを展開した状態でも展示することが可能。機体の取り付け部は主翼後縁にツメをひっかける構造。幅を変えることができるようになっているので、機体に穴を開けるなどの改造をせずさまざまな機体を飾れる（VF-25 スーパーメサイアなど非対応キットもあり）。また、成形色に劇中の発射アームをイメージしたブルーグレーを採用しており無塗装で使用しても違和感がないようになっている。上下の振りは4段階で変更することができる。

029
MACROSS series. 10

VF-1 バトロイド バルキリー
『超時空要塞マクロス 愛・おぼえていますか』
ハセガワ 1/72
インジェクションプラスチックキット
税込2592円 2002年発売

1/72 VF-1 "BATTROID VALKYRIE"

リアルなファイターモードのプラモデルを「飛行機のハセガワ」が作ってくれればそれだけで大満足！……とキット発売当初は思ったものの、やはりVF-1は人型に変形するのが本質であり、やがてハセガワが作ったバトロイドも見てみたい、との声は大きくなっていった。それに応えるように、ファイターから改造してバトロイドにする模型誌記事や一般ユーザーも現れていた。それならば、ということで生まれたのがこのVF-1バトロイドバルキリーだ。

フタを開けてみればすべてが新金型、つまりファイターのパーツは一切使われずすべてのパーツがあらたに形状を見直され、人型用のアレンジを加えられている。また、ロボットモデルということで、胸の塗り分け部分を別の成型色のパーツとして分割し、塗らなくてもそれなりに見映えがするような配慮もなされた。

なお、当初は股関節部の構造が弱点とされたが、後のスーパーバトロイドバルキリーではスイングアーム構造をやめ、固定軸と2軸ポリキャップ方式に変え強度を上げる改良がなされている。頭部はA／J／Sの3種が付属し、手首は劇場版、全身にはファイターから受け継ぐ精密なパネルラインが入れられている。

デカールはファイターに準拠しているが、キャノピーカバー部の塗り分けも入っている。

VF-1の最大の特徴は、いうまでもなく人型に変形することである。バトロイドモードと呼ばれるこの形態は、地上における戦闘ポッドとの近接戦闘および敵艦内進入時に艦内通路を走行し動力部を破壊したり中枢部を制圧することを目的として考案された。

第一次星間大戦前はこのモードに懐疑的な者も少なくなかったし、頑なに拒むパイロットも多かったが、ゼントラーディ軍との実戦においては開発側が想定していなかった運用方法が若いパイロットを中心に行なわれた。1秒に満たない短時間で変形可能な能力を活かし、大気圏内での機動戦闘において、追われている位置からバトロイドに変形することで相手をオーバーシュートさせ、再びファイターモードに戻って追尾するという戦術などが多数考案された。ミサイルに追尾されても手にしたガンポッドであっという間に撃破することができたため被弾率も下がり、バトロイドモードの有効性は確立された。当初はバトロイドモードをなくし純粋な宇宙戦闘機として完成を見た後継機のVF-4がバトロイドモードを復活させたほどの戦果だった。以降、主力戦闘機には必ず変形機構を有するという仕様要求が付けられるようになり、「戦闘機」はその概念をまったく変えてしまったのである。

**形態固定でファイター形態ありき
あえて人型を外したカッコよさの
VF-1 バトロイド バルキリー**

030

MACROSS series. 13

VF-1A スーパー バトロイド バルキリー
『超時空要塞マクロス 愛・おぼえていますか』
ハセガワ　1/72
インジェクションプラスチックキット
税込3024円　2003年発売

1/72 VF-1A "SUPER BATTROID VALKYRIE"

スーパーパックを装着した劇場版 マックスカラーのVF-1Aをキット化したもの。
バトロイド本体はノーマルから一部がバージョンアップしており、脚の付け根の関節に強度を上げた新設計パーツを使用し可動部がポリキャップ化（イベントなどで別売もされた）。またスーパーパーツは、ファイター形態のキットのパーツよりさらに立体としての情報量を多く盛り込んだ密度の濃い新彫刻に変更されている。
胸のブルーの部分はノーマルのバトロイド同様別パーツだが、ブルーの成形色に変更されている。頭部はA型とおまけにJ型も付属。デカールは劇場版 柿崎用もセットされている。

スーパーパックを装着した劇場版マックスカラーのVF-1A バトロイド バルキリー

VF-1の大気圏外運用時間の短さを補うべく考案されたスーパーパックは変形シークエンスを妨げないよう慎重に設計されており、バトロイドモードにおいてもファイターモード時に引けをとらない高機動性能を与えている。
バトロイドでは脚部となるエンジンナセルの側面に装着されたコンフォーマルタンクにはスラスターが搭載されており、相乗効果によって、非装着状態で脚部を振って姿勢を変える、あるいはファイターモードでスラスターを作動させて姿勢を変える際の数倍の速さで姿勢を変えることができる。また、通常スラスターによる姿勢制御は軌道まで変えてしまうことがあるためカウンターで反対側のスラスターを作動させる必要があるが、脚の角度を少し変えるだけでカウンターは必要なくなりプロペラントの節約にもなる。背面のロケットパックは、バトロイドにもファイターモード並みの加速力を与え、空気抵抗がない大気圏外ではクアドラン系パワースーツに引けをとらない加速の持続が可能。また、スーパーパックを装着したVF-1は生還率が大きく向上している。これは稼働時間の向上や火力の増強によるものだけでなく、機体に装着したパックが装甲の代わりとなってVF-1本体への被弾率を下げているからであった。

031

1/72 VF-1S "STRIKE BATTROID VALKYRIE"

MACROSS series. 14
VF-1S ストライク バトロイド バルキリー
『超時空要塞マクロス 愛・おぼえていますか』
ハセガワ　1/72
インジェクションプラスチックキット
税込3024円　2003年発売

劇場版に登場した人気機体、VF-1S ストライク バルキリーをバトロイド形態でキット化したもの。背部右側のブースターポッド先端に装備されている二連ビームキャノン（マウラー砲）を新規パーツで再現し、基部はポリパーツ使用による可動式で、センサー部分はクリアーパーツで再現するようになっている。デカールはスカル小隊 隊長 ロイ・フォッカー機と一条 輝機の2種がセットされている。スーパーバトロイド同様、股関節に強度を上げた新設計パーツを使用し可動部用にポリキャップが付属。ファストパックはファイター形態と異なる新設計パーツが使われている。

ロケットパックの前方にはマイクロミサイルポッドが装着されることが多いが、片側に大出力連装ビームキャノンを搭載する場合もあった。これがストライクパックと呼ばれるもので、一撃でゼントラーディ戦艦の装甲に穴を開けられるほどの威力を持ち、その穴から他のVF-1を送り込み内部から制圧するといった運用がなされた。
内部にはVF-1のエンジンと同じ重力コアを内蔵しており、フッ化物を燃焼させた超音速噴流中に重水素を混入させ、化学反応で生じた励起状態のフッ化水素からレーザーを発振する。燃焼室は1つだが圧力限界から発振器は2器に分けられており、見かけは2連装のビームキャノンに見える。大出力ゆえに収束させる方法がないため有効射程距離が短く、かなり接近して撃つ必要があったが、敵を引きつけておいてから広範囲にビームを放てば、1発で大量の敵を撃破することができた。VF-1本体側のエネルギーを使わないため発射回数は8発に制限されており、ユニットが高価だったため発射不能になっても投棄することは許されなかった。そのためビームキャノンの装着は片側だけで反対側は自衛用のマイクロミサイルポッドを装着することになっていた。また、運用に際し通常は2機の以上の護衛が必要とされた。

**劇場版のフォッカー機と
一条 輝機が選択再現可能な
ストライク バトロイド バルキリー**

032

Limited edition

1/72 VF-1S "Minmay Guard"

『超時空要塞マクロス 愛・おぼえていますか』
ハセガワ　1/72　インジェクションプラスチックキット
税込4104円　2003年発売（限定生産）

本機は2013年にリン・ミンメイの「バイブレーター・ツアー」のパリ会場を護衛していた機体のなかのひとつ。表向きは興奮するゼントラーディ人からミンメイや他の観客を守るための部隊とされたが、兵器システム開発航空団に所属する部隊であり、実際のところは"兵器"としてのミンメイを常に監視しつつ研究分析することがその主任務であった。

ミンメイは常に"兵器"として叛乱ゼントラーディ人にも常に狙われていたため通常は6機が会場周辺にバトロイドモードで立って直接の護衛を勤めるとされたが、じつは上空にさらに6機が飛行して空からの攻撃を警戒していた。ミンメイはボドル基幹艦隊を壊滅させた最重要人物であるため、この部隊の予備機を含めた所属全18機はすべてS型で、しかも全機ストライクパックが用意されていた。会場周辺に立つこれらVF-1Sはツアー演出の一部とされ、ツアーごとにすべて異なるマーキングが施されたが、これらのマーキングはパイロットや整備クルーがその都度デザインし彼ら自身でペイントしていたという。また逆に上空警戒機はカモフラージュのためツアーを開催する地域に合わせた迷彩が施された。ちなみにこの部隊は配属志願者が統合軍一多いことで有名だが、選考基準も統合軍一厳しい。パイロットとしての能力も当然だが、容姿も選考の対象にされるという。

リン・ミンメイ特別護衛飛行隊
通称「ミンメイガード」所属
月面ライブを警護した特別塗装機体

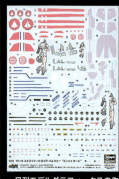

月刊モデルグラフィックスの作例として製作されたミンメイガード仕様のバトロイドをキット化したもの。パーツはVF-1S ストライクバトロイド バルキリーと同様のものが入っている。デカールはカルトグラフ製で、統合宇宙軍特殊作戦軍団 特殊兵器システム開発航空団 第87特別援護飛行隊 ミンメイ・ガードを製作できる。

033

MACROSS series. 25
1/72 VF-1J/A
"GERWALK VALKYRIE"

VF-1J/A ガウォーク バルキリー
『超時空要塞マクロス』
ハセガワ 1/72
インジェクションプラスチックキット
税込2808円 2014年発売

ファイターからバトロイドへと順にキット化されたハセガワのVF-1。バトロイドが製品化された時点で、「ファイターモードの機首と胴/翼に、バトロイドモードの腕と脚を取り付ければガウォークになるのでは？」ということで、改造雑誌作例も多数製作されたが、もちろんそれぞれのパーツそのままでは組み合わせられない。本キットにおいては、機首や腕などを既存キットと共用にしつつ、肩の取り付け基部、バトロイド時と逆に折れ曲がる脚部などが新パーツとなり、ガウォークの特徴的なフォルムを再現できるような仕様となっている。頭部パーツはJ型/A型の選択式でTV版バーミリオン小隊を再現することが可能。

1/72 VF-1S/A
SUPER/STRIKE "GERWALK VALKYRIE"

ガウォークモードはファイターモードとバトロイドモードの中間形態という認識がされがちだが、じつは高速ホバリング移動による地上の敵への制圧行動を目的としたモードで、独立した第3の形態である。VF-0の開発中に起こった事故により偶然「発見」されたと言われているが、開発チームはその有効性を認めて腕を展開するとバランスがとりやすくなるなどのテストを重ねて形態を完成させた。

034

VF-1S/A STRIKE/SUPER GERWALK VALKYRIE

MACROSS series. 26

VF-1S/A ストライク／スーパー ガウォーク バルキリー
『超時空要塞マクロス 愛・おぼえていますか』
ハセガワ　1/72
インジェクションプラスチックキット
税込3888円　2015年発売

劇場版に登場した、ストライク／スーパーパック装備のスカル小隊所属機をガウォーク形態でキット化したもの。ホバリングをイメージさせる展示用スタンドが付属。装備はストライクバルキリーの2連装ビームキャノン＋ミサイルポッド仕様と、スーパーバルキリーのミサイルポッド×2の選択式で、頭部はS型とA型がセットされている。おまけ要素としてTV版パイロット部品と統合軍マークのデカールが付属し、TV版仕様のVF-1S スーパー ガウォーク バルキリーも選択可能となっている。J/A型のノーマル仕様同様に、脚をハの字に開いて踏ん張った力強いポージングを取ることができる。劇場版パイロットフィギュアは付属しないので、別売ウェポンセットのパイロットフィギュアを乗せるとよいだろう。

1/72 VF-1D
"GERWALK VALKYRIE"

本体の構成は、機首および機体上面が複座仕様のD型のパーツになっているほかはJ/A型のガウォークキットとほぼ同様。VF-1Dのガウォークと言えばTV版の第2話でリン・ミンメイを助けるシーンが印象的だが、輝／ミンメイの着座姿勢フィギュアと同スケールのチャイナドレス立ち姿のミンメイ（レジン製）が付属し、あの場面を再現できる。

VF-1D ガウォーク バルキリー
『超時空要塞マクロス』
ハセガワ　1/72
インジェクションプラスチックキット
税込4104円　2016年発売（限定生産）

035
Limited edition

SDF-1 マクロス 要塞艦 "劇場版"
『超時空要塞マクロス 愛・おぼえていますか』
ハセガワ　1/4000
インジェクションプラスチックキット
税込6048円　2015年発売

037

MACROSS series. MC05

SDF-1マクロスの巡航形態を、劇場版『超時空要塞マクロス 愛・おぼえていますか』に登場したアームド01、アームド02を両舷に結合した要塞型仕様でキット化したもの。アームド01、アームド02は腕から分離した状態を選択することも可能だ。巨大なマクロスだけに、1/4000ながら模型全長は約300㎜となる大型アイテムである。
メインブリッジの大窓にはクリアー部品が採用され、脚部ユニット（一般居住区）の窓部分はシャッターとクリアー部品の選択式。肩部のOT超高速電磁レールキャノン×4は可動式で、上腕は左右方向へのスイングが可能。マーキングデカールと、統合軍マークをモチーフとした展示用スタンドが付属する。
また、オマケとして同スケールのモンスター×2とVF-1 バルキリー（ファイター形態 ノーマル×8、スーパー×8 全長 約3.5㎜）も付属する。

**両舷にアームド01、アームド02を
結合した劇場版仕様の要塞艦**

1/4000 SDF-1 "MACROSS"
MOVIE EDITION "DO YOU REMEMBER LOVE"

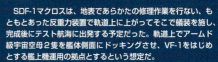

SDF-1マクロスは、地表であらかたの修理作業を行ない、もともとあった反重力装置で軌道上に上がってそこで艤装を施し、完成後にテスト航海に出発する予定だった。軌道上でアームド級宇宙空母２隻を艦体側面にドッキングさせ、VF-1をはじめとする艦上機運用の拠点とするという想定だ。

マクロスの艦体各部はブロック構造で、ある程度独立したブロックの集合体であった。もともとのASS-1もそうだったが、墜落によって各連結部が歪んだため本来は強固に連結していた部分をいったん切り離して繋ぎ直すなどの処置がとられたのだ。この作業がのちに功を奏す。SDF-1内部には乗員やパイロットなどの軍人に混じって民間人も多く避難しており、地球帰還までの間に内部に街を作り暮らしはじめていた。また原理はわからないものの主砲は発射可能であるとされ、各種の艤装は間に合わなかったがデストロイドを艦上に配置するなどして対空火器代わりにするなど、宇宙戦艦としての体は整いつつあった。

91

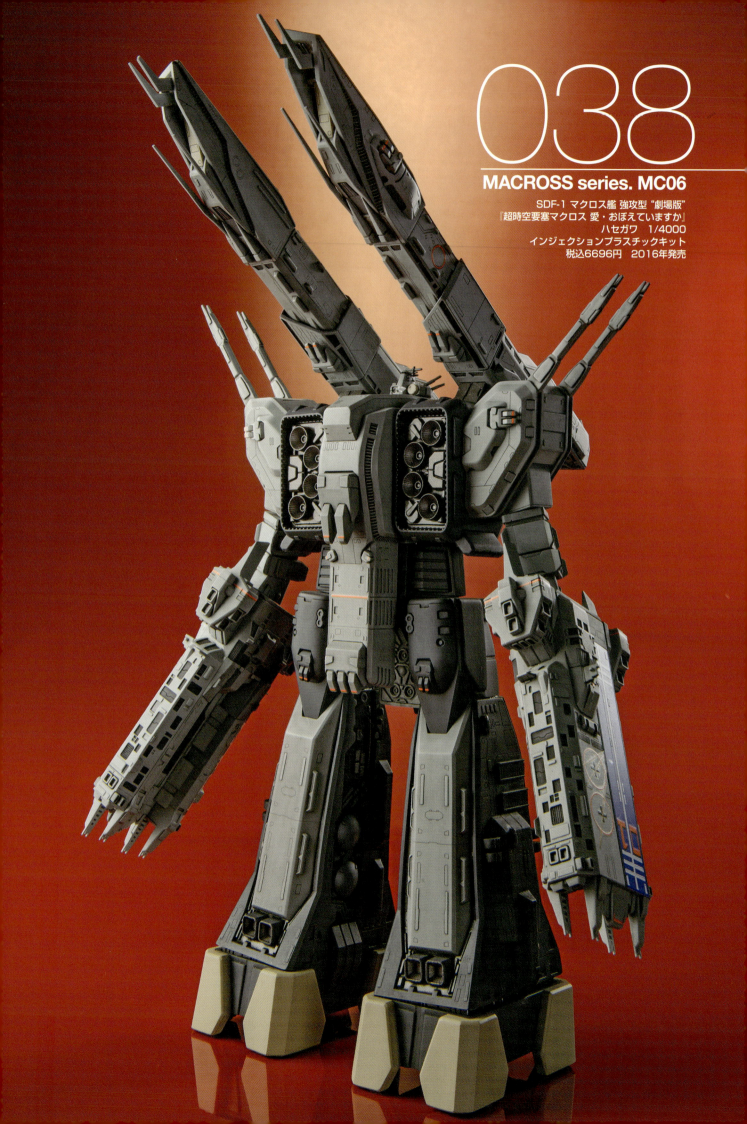

038

MACROSS series. MC06

SDF-1 マクロス艦 強攻型 "劇場版"
『超時空要塞マクロス 愛・おぼえていますか』
ハセガワ　1/4000
インジェクションプラスチックキット
税込6696円　2016年発売

1/4000 SDF-1 "MACROSS" MOVIE EDITION

劇場版要塞艦に続いて発売された、アームド1&2を接続した状態の劇場版の強攻型。要塞艦と同じく、1/4000スケールならではの精密なディテール表現と全高約30㎝の迫力ある姿が見どころとなっている。
主砲は可動式で前方への発射体制をとらせることが可能。肩部/上腕、ヒジ、胸部、股関節、足首はポリパーツを使用した可動式で、ヒジは2重関節となっている。胸部は僅かに左右に開く方向に可動軸が設定さ

れているので、胸を張った姿勢をとらせることもでき、主砲発射体制時に砲身を「ハの字」に開いた状態にすることで、パースの効いた迫力あるポージングを取ることができる。また、肩部のOT超高速電磁レールキャノン×4も可動式となっている。
強攻型のおまけパーツは、同スケールのデストロイドが付属。要塞艦付属のVF-1などと同様に成型の都合上板にモールドされたレリーフ状のパーツになっており、トマホーク、ディフェンダー、ファランクスが各20体セットされている。

1/4000スケールならではの精密なディテール表現が魅力 主砲発射態勢も再現可能

SDF-1マクロスの主砲は原理はわからなかったものの、調査により発射管制の手順は判明し、地球人の手で発射は可能となった。しかし、地表でブービートラップとして発射されたあとはフォールドしたときにフォールド装置が消滅し、それによりエネルギーのバイパス経路がつながらなくなり発射不能となっていた。
そこで乗員は、マクロス艦体各部がブロック構造で比較的柔軟に連結されていたことを利用し、各部を組み換えることでエネルギーのバイパス経路を連結して再び主砲を発射できるようにと試みた。それがマクロスのトランスフォーメーションシステムである
トランスフォーメーションと呼ばれたこの組み換えによってマクロスは人型のような形態となり、艦首方向が上方へとシフトする。これにより主砲の発射には成功したものの、内部に作られた民間人の街は分離や人工重力の方向が変わるなどの構造変化により大混乱に陥り、その大半は破壊されてしまった。以降、マクロスはこの主砲が撃てる形態のまま元に戻すこともできず、そのまま地球に帰還することとなる。最後に主砲を放ってボドル基幹艦隊旗艦を破壊したのちは、この形態のまま地表に鎮座して象徴的なモニュメントとなった。

039
Limited edition

SDF-1 マクロス要塞艦 w/プロメテウス&ダイダロス
『超時空要塞マクロス』
ハセガワ　1/4000
インジェクションプラスチックキット
税込6048円　2015年発売

劇場版の設定をベースにしつつ、TV版設定のエッセンスを盛り込んだデザインでキット化したマクロス要塞艦の限定生産仕様キット。両舷に合体したプロメテウス&ダイダロスや、角型ノズルが特徴的な艦首形状、左右に分割された大型の艦橋など、TV版の特徴を再現しており、各部副砲の増設や、脚ユニットのポジション変更、メインノズルカバーの追加により、劇場版とはかなり印象が異なる出で立ちとなった。プロメテウスとダイダロスは、SDF-1に接続していない単体の状態に組み替えることも可能で、同スケールのVF-1 ファイター×8、VF-1 スーパー ファイター×8、デストロイド モンスター×2、展示用スタンドが付属する。また、本キットや劇場版要塞艦にも使用できるエッチングパーツ（税込2376円）も限定生産で販売されている。

**プロメテウス&ダイダロスは分離も可能
艦橋からノズル形状に到るまでTV版を再現**

1/4000 SDF-1
"MACROSS"
w/PROMETHEUS & DAEDALUS

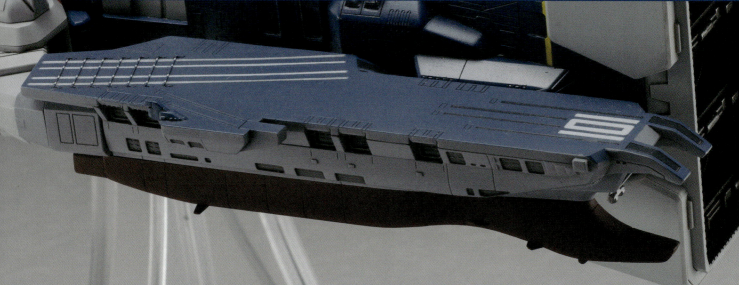

　SDF-1マクロスは、1999年に突如地球近辺の宇宙空間に現れ太平洋の南アタリア島に墜落した異星人の宇宙船を修理し、地球統合軍の象徴として運用しようとした宇宙戦闘艦である。
　もちろん墜落当初はなんであるのかがわからず、国連が調査した結果何者かに作られた宇宙船であることが判明する。しかも、乗組員は発見されなかったものの身長10mを超える巨大生物と推測できた。また、内部には多くの兵器群が残されており、極めて好戦的な生物とも考えられた。国連はこの宇宙船をASS-1と名付けさらに詳細な調査を開始し、また将来必ずこの船の持ち主あるいは敵対勢力が現れるはずとして、地球人類が一体となって対応するべきと地球統合政府の設立を提案する。しかし、もちろん統合政府樹立に反対する国々もあり、世界はかつてない内戦状態に突入していく。
　「統合戦争」と呼ばれたこの内戦のなかで、国連＝地球統合勢力はASS-1を修理／復活させることで地球統合の象徴にしようと計画する。統合戦争は7年続いた。統合勢力がいちおうの勝利宣言を行ない地球統合政府が樹立されたが、各地での小規模な紛争は続いていた。その間SDF-1と名称を変えられたASS-1の修理は着々と進み、ついに2009年2月に進宙式を迎えることになる。しかし、進宙式のその日に再び未知の宇宙船群が現れるとSDF-1がいきなりエネルギービームを発射し何隻かの宇宙船を消滅させてしまった。この艦はブービートラップであり、新たに現れた宇宙船群はその敵対勢力だった。そして統合軍はのちに「ゼントラーディ」という名称が判明する勢力と交戦状態に陥る。
　SDF-1は、地上の被害の拡大を防ぐために急ぎ大気圏外へ進出しようとしたが反重力システムが分離して落下したため、地表付近でのフォールドを余儀なくされ、冥王星軌道付近の宇宙空間に出てしまった。SDF-1は、一緒にフォールドし近くを漂っていた統合軍の空母プロメテウスと強襲揚陸艦ダイダロスをドッキングし、避難していた南アタリア島の民間人たちを載せたまま、ゼントラーディ軍と戦いながら地球へと向かう長い帰還の途につくこととなる。

ハセガワ ノンスケール
インジェクションプラスチックキット
税込1404円 2010年発売（限定生産）

VF-1A/J バルキリー "たまごひこーき"

ハセガワが1978年から展開している、航空機を卵状にディフォルメするシリーズ、たまごひこーき。そのキャラクターモデル第一弾がこのVF-1 A/Jだ。成型色はホワイト／グレー／クリアーの3色になっており、接着剤なしで組み立てることができる。主翼は可動式で、脚まわりは駐機状態と飛行状態選択式。頭部はA型とJ型の選択式となっている。コクピットには劇場版仕様のディフォルメパイロットフィギュアが搭乗。デカールはスカル小隊の輝機とマックス機、バーミリオン小隊一条機が選択可能。

ハセガワ ノンスケール
インジェクションプラスチックキット
税込1404円 2012年発売（限定生産）

YF-19 "たまごひこーき"

成形色はアイボリー、グレー、クリアーの3色、スナップフィットで接着剤なしで組み立てできる。ガンポッドと、コクピットに乗せられるディフォルメパイロットが付属する。

VF-1S ストライク/スーパーバルキリー "たまごひこーき"

ハセガワ ノンスケール
インジェクションプラスチックキット
税込1620円　2010年発売（限定生産）

ストライクとスーパーを選択して製作することができる。スーパー／ストライクパックのほかシャッターの閉じたインテークカバー、畳まれた尾翼ブロックなどが新パーツになっている。頭部パーツはS型のみしかないが、おまけデカールとしてA型のスーパー用（劇場版の輝、マックス機、柿崎機）もセットされており、ノーマルのたまごひこーきVF-1A/Jと組み合わせることで、いろいろ遊べる仕様になっている。

YF-19 w/ファストパック&フォールドブースター "たまごひこーき"

ハセガワ ノンスケール
インジェクションプラスチックキット
税込1620円　2013年発売
（限定生産）

劇中で惑星エデンから地球の衛星軌道上へ単機でフォールドした際の装備を再現しており、ファストパックも装備した状態になる（ファストパックの着脱はできない仕様）。なお、いまのところハセガワのマクロスシリーズでフォールドブースターをパーツ化したのはこのキットのみである。そのフォールドブースターは透明のカバーをクリアーパーツで再現。

前進翼が特徴的な競合試作機YF-19を ハセガワらしい航空機アレンジで立体化

　OVA「マクロス・プラス」に登場したYF-19はマクロスシリーズ初の前進翼を持った可変戦闘機で、次期主力可変戦闘機の座を争う競争試作が背景にある設定など飛行機マニアが燃える要素満載だった。とくに前進翼というレアな仕様のYF-19は人気があり、すぐにガレージキットやトイが発売されたが、どれも形状把握がいまひとつでこの機体の立体化の難しさを物語っていた。そこに満を持して発売されたハセガワのYF-19は、ファイター形態固定という条件を割り引いても、極めて優れたフォルムで、何より飛行機らしさが前面に出ているところはさすが「飛行機のハセガワ」の面目躍如である。
　キットは「デザート・イエロー」で成型されており、シンプルで組み立てやすい構成となっている。コクピットフロアはバスタブだが、オプションのシートが加えられていて劇中の複座を再現することができる。また、目立

たないがコクピットフロアの前部の隔壁に貼るための目盛りのデカールもセットされていて、ここも劇中のシーンの再現が可能だ。胴体は上下分割で、下面の一部ディテールは河森総監督がこのキットのために描き下ろしたデザイン画がベースとなっている。前脚はカタパルトランチバーも別パーツで再現されているなど精密なものになっており、主脚も同様だ。キャノピーは開閉の選択式で、後部キャノピー部分は、劇中で後席を強制射出したあとのシャッターパーツも付属する。
　デカールで再現するのは劇中登場のいわゆる2号機のみだが、統合軍マークや機番「19」の白がシルクスクリーン印刷されているという気遣いがあるほか、主翼や機首の黒の塗り分け部分、グレーのロービジ統合軍マークに白のU.N.SPACY表記や、0から9までの数字に各種のフュージョンデータが入るなどデカールも充実

040
MACROSS series. 09

YF-19
『マクロスプラス』
ハセガワ　1/72
インジェクションプラスチックキット
税込2592円　2002年発売

1/72 YF-19 "EXCALIBUR"

　ゼントラーディ軍の基幹艦隊によって惑星スピカ3がわずか6時間で壊滅した事件を受け、新統合軍はVF-1を開発したときのように全地球をあげて新型の可変戦闘機を開発するべきと主張し、次期全領域可変戦闘機開発計画、通称スーパーノヴァ計画を発動させた。
　計画は2機の競合試作の形式をとることにし、最終的に残った新星インダストリーのYF-19とゼネラル・ギャラクシーYF-21 2機の試作機を作ってテストを行なうこととなった。新星インダストリーは若き天才、ヤン・ノイマンを設計主任に起用し、ゼネラル・ギャラクシーはこちらも若いガルド・ゴア・ボーマンを起用、ボーマンはテストパイロットも兼ねた。
　YF-19の1号機は2039年11月に完成し、直ちに移民惑星エデンのニューエドワーズ基地内のテストフライトセンターに移してテストが開始された。前進翼ではあるものの手堅い設計のYF-19に対し、YF-21は脳波コントロールシステムをはじめとする新技術を取り入れた機体であった。最終的には開発にリスクの少ないYF-19が選定されスーパーノヴァ計画は終結したが、YF-21もコントロールシステムを従来のものに戻すことでVF-22として少数ながら採用が決まった。
　競合に勝った試作機YF-19は、前進翼を持ち大気圏内での機動力を徹底的に引き上げた機体で、大出力の新世代熱核タービンエンジンを搭載しブースターなどを取り付けなくともそのままで地表から衛星軌道まで進出できる能力を持っていた。またフォールド・ブースターに対応した初の可変戦闘機であり、背面に搭載したフォールド・ブースターによりエデンから地球まで単機でフォールドすることができた。また、機体の総合制御に擬似AIの「ARIEL」を搭載。2040年には量産がはじまり正式にVF-19"エクスカリバー"の名称が決定され、主力戦闘機として銀河中に配備された。

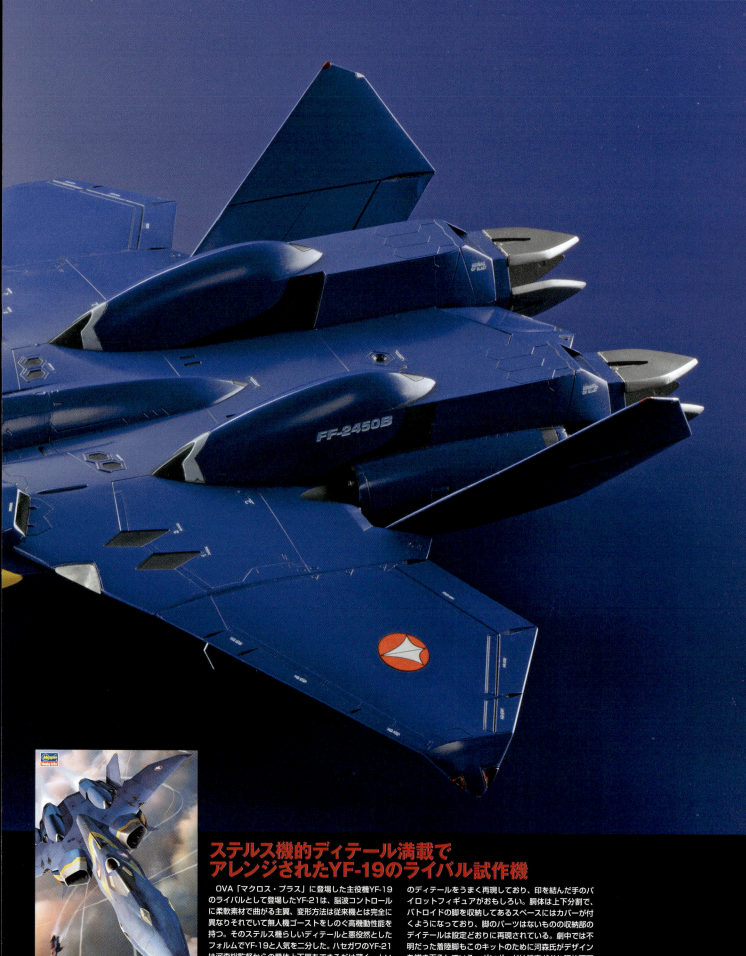

ステルス機的ディテール満載で
アレンジされたYF-19のライバル試作機

　OVA「マクロス・プラス」に登場した主役機YF-19のライバルとして登場したYF-21は、脳波コントロールに柔軟素材で曲がる主翼、変形方法は従来機とは完全に異なりそれでいて無機ゴーストをしのぐ高機動性能を持つ。そのステルス機らしいディテールと悪役然としたフォルムでYF-19と人気を二分した。ハセガワのYF-21は河森総監督からの機体上下厚をできるだけ薄く、という指示を受け、サイドから見ると極めてスマートなフォルムになっており、劇中の印象を非常に巧く再現している。また、航空機を感じさせるディテールやエッジのシャープさにはハセガワの底力を感じずにはいられない。
　キットは劇中と同じダークブルーで成型されており、もともとが大型な機体は大まかに機首と胴体それに主翼に分割され、シンプルで組み立てやすい構成となっている。コクピットのパーツ構成は通常機と違うYF-21独特のディテールをうまく再現しており、印を結んだ手のパイロットフィギュアがおもしろい。胴体は上下分割で、バトロイドの脚を収納してあるスペースにはカバーが付くようになっており、脚のパーツはないものの収納部のディテールは設定どおりに再現されている。劇中では不明だった着陸脚もこのキットのために河森氏がデザインを描き下ろしている。ガンポッドは設定どおり胴体下面に二門装着される。キャノピーは開閉の選択式で開状態ではキャノピー後部にヒンジパーツを取り付ける。
　デカールは劇中登場の「オメガ・ワン」の一種のみだが、機首やインテイクの黄色、キャノビーやインテイクのグレーの部分がデカールでセットされているほか、グレーの統合軍マークやさまざまな大きさのグレーの「U.N.S PACY」表記、0から9までの数字に各種のコーションデータなどのおまけデカールも充実している。

041

MACROSS series. 11

YF-21
『マクロスプラス』
ハセガワ　1/72
インジェクションプラスチックキット
税込2592円　2002年発売

1/72 YF-21 "Sturmvögel"

　スーパーノヴァ計画に参加したゼネラル・ギャラクシー社のYF-21は外観は一見オーソドックスな機体に見えるが、実際はゼントラーディの技術を詰め込んだ斬新なシステムを持つ機体であった。設計主任に任命されたガルド・ゴア・ボーマンはゼントラーディ人と地球人とのハーフだが、純粋ゼントラーディ人技術者のアルガス・セルザーが関わっており、彼が設計の中心人物であったとも言われている。
　操縦系統には脳波コントロール・システムを採用し、コクピット内で精神統一して機体の動きをイメージすることにより、操縦／火器管制など機体のシステム制御をすべて脳波コントロール行なう。そのためキャノピーの透明部分は必要最小限に留められ、パイロットが外を目視するのは緊急時だけと割り切れた。主翼や尾翼に舵面はなく、特殊な材料で構成された主翼や尾翼が形状をフレキシブルに変えることにより、直接的な空力制御で機体姿勢をコントロールする。また、バトロイドやガウォーク時の姿勢制御用としてクアドラン系バトルスーツのキメリコラ特殊イナーシャ・コントロールシステムを搭載した。これらの「最新」というよりは「特殊」な技術のおかげで性能は良く一時は優勢とまで言われたが、各種リスクは無視できないものがあった。とくに脳波コントロールシステムはパイロットの精神状態により暴走する恐れがあり、開発と製造コスト、そして運用コストも著しく大きくなるとして、競合では手堅い設計のYF-19に敗れた。
　それでも基本的な能力は高かったため、脳波コントロールシステムを通常のFBWにし操縦翼面も新たに設けることで、通常のシステムを持ったVFとして少数ながら採用、生産と実戦部隊への配備が承認された。その際、キメリコラ特殊イナーシャ・コントロールシステムやフォールドブースターの運用機能、ピンポイントバリアー、など一部の機能は残されている。

PlayStation用ゲームソフトに登場した第727独立部隊所属機

VF-19Aは、1999年に発売されたPlayStation用ゲームソフト『マクロスVF-X2』に登場する機体。同ゲームは河森正治、宮武一貴、美樹本晴彦、板野一郎ら「マクロスシリーズ」のメインクリエーターが制作に参加した3Dシューティングゲームでシリーズ第2作。このほかVF-1X-PLUS バルキリー、VF-11B フルアーマードサンダーボルト、VF-17D ナイトメア、VF-22 シュトゥルムヴォーゲルⅡ、VB-6 ケーニッヒモンスターといった機体も登場している。

制式採用されたVF-19の先行量産型であるVF-19Aは、他のVF-19シリーズとは違いYF-19と同等の性能を持つとされる。非常にピーキーな特性のかなり乗り手を選ぶ機体であり、特殊作戦機としてレイヴンズやヴァルハラⅢのようなVF-X部隊を中心に配備された。VF-X2ではエイジス・フォッカーとギリアム・アングレートが搭乗している。なお、VF-Xに登場するヴァルハラⅢ所属機はYF-19に近いカラーリングとなっている。

VF-19A VF-X レイブンズ
『マクロスVF-X2』
ハセガワ　1/72
インジェクションプラスチックキット
税込2592円　2002年発売（限定生産）

新デカールと新パッケージでの発売で、パーツ構成はYF-19から変更点はなし。デカールには、部隊マークや機番のほかVF-1用部隊マークやヴァルハラⅢの部隊マークもおまけとしてセット。

1/72 VF-19A "VF-X RAVENS"

042
Limited edition

043
Limited edition

1/72 YF-19 "25th Anniversary"

YF-19 マクロス25周年記念塗装
『マクロスプラス』
ハセガワ　1/72
インジェクションプラスチックキット
税込3024円　2007年発売（限定生産）

1982年のTV版『超時空要塞マクロス』の放映から25周年を記念して、VF-1と揃いで河森正治氏がコンセプトデザイン、天神英貴氏がペイントデザインをしたスペシャル塗装仕様。カルトグラフ製デカールが付属する。

コンセプトデザイン河森正治氏、ペイントデザイン天神英貴氏の放映25周年記念仕様

次期全領域戦闘機候補機として製作されたYF-19 1号機

最後の有人可変戦闘機と言われ、VF-25 VF-27などの登場までは頂点を極めたとされるYF-19だが、その試作1号機は誕生から波乱含みであった。2039年7月にいったんロールアウトはしたもののまだ完成と言うには程遠く、ロールアウト式典後も艤装や塗装などの作業は続けられ、初飛行時に一部未塗装ながらようやくマーキングが書き入れられた。

1号機は、その後地球における基礎テストが終了すると初飛行を終えたばかりの2号機とともに本格的テスト地となる惑星エデンへ送られる。エデンでの初飛行では滑走路上でローパス中にパイロットが行なった予定外のスナップロールでバランスを崩しあやうく2号機のいる格納庫に突っ込みそうになったが、寸前で機体のシステムがパイロットからコントロールを奪い、ドアが開いていた格納庫を通り抜けて何とか難を逃れた。なんと、ファイター形態で格納庫に突入したが、後方ドアを破って飛び出したときはバトロイド形態であったという。この一件でパイロットは解任、その後「乗り手を選ぶ」という評がついて回ることになる。2回目の飛行でも、なんでもない着陸進入中に突然コンフリクトを起し墜落して破片を滑走路にばら撒いた。テストは2号機以降に引き継がれたが、天才パイロット イサム・ダイソン中尉の着任までは事故が繰り返された。1号機の最大の不幸はこのダイソン中尉と出会えなかったことであろう。

YF-19 デモンストレーター
『マクロスプラス』
ハセガワ 1/72
インジェクションプラスチックキット
税込3024円 2008年発売
（限定生産）

1/72 YF-19 "DEMONSTRATOR"

1995年に発売されたムック『THIS IS ANIMATION SPECIAL マクロスプラス』（小学館刊）に掲載された機体をキット化。新デカール付属キットでパーツ構成はYF-19と同様だが、成型色が白に変更されている。

044
Limited edition

『マクロス7』にてマックスが搭乗した艦長専用機

スーパーノヴァ計画での競争試作に敗れたものの、その機体ポテンシャルの高さを認められたYF-21は、新たにVF-22とナンバーを付け直され少数が生産された。

脳波コントロールシステムは省略され、キャノピーも透明部分が広くなって通常の操縦翼面も設けられた。配備先は基本的に特殊部隊で、VF-17の後継機として少数の高い技量を持ったパイロットたちが搭乗した。叛乱が起きた自治惑星等で監禁された要人の救出や叛乱の事前阻止など、著しく高い性能を持った機体が必要な作戦に関わったとされる。

採用された理由としては、主力VFであるVF-19が何らかの不具合を起こして全機飛行停止となった場合、VF-19クラスの戦力の空白期間を作らないようにするためとされた。しかし、ゼントラーディ軍兵器に対してはVF-11クラスのVFでの制圧が充分可能で、VF-22クラスのVFではオーバースペックである。実際のところは「VF-19が配備された自治区／星域で叛乱が起こった」という最悪の事態を想定し条件によってはVF-19の能力を凌駕するVFを持っておきたかった、という軍の思惑があり、VF-22の敵はVF-19というニューエドワーズ以来の構図が続いていたわけである。これ以降のVFの系譜は、公にされた主力可変戦闘機と、条件により主力機を上回る性能を持つ特殊用途VFとの2系統に分かれて進化していくことになる。

VF-22S
『マクロス7』
ハセガワ　1/72
インジェクションプラスチックキット
税込2592円　2003年発売
（限定生産）

1/72 VF-22S
"Sturmvögel II"

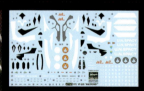

有視界／手動操縦仕様のコクピット、機体下面、キャノピー、着座姿勢のパイロットフィギュアが新規パーツ。マーキングはミリア搭乗機も再現可能。

046
Limited edition

VF-0S "MACROSS ZERO"

ロイ・フォッカーが搭乗したヴァリアブルファイター試作試験機

OVA「マクロスゼロ」はVF-1が量産される以前の物語を描いていて、主人公が搭乗するVF-0はVF-1を開発するための前段階の試作機という設定だ。TVシリーズと劇場版「超時空要塞マクロス」で人気を博したロイ・フォッカーも若いころの姿で登場する。本キットはそのロイ・フォッカーの乗機の仕様で、VF-1Sのロイ・フォッカー スペシャルと同じカラーリング／マーキングが施されている。
VF-0Sは、VF-1の前段階の試作機ということで通常型ジェットエンジンを搭載しているため、機内のありとあらゆるところにジェット燃料を搭載している。そのため機体規模はVF-1よりひと回り以上大きいが、キットパーツをランナー状態で見ただけでもVF-1よりはるかに大柄なことがわかる。元となった可変戦闘機として、大きさの違いはあれど構成はVF-1とほぼ同じとなっているが、新しいぶんパーツ精度や組みやすさはかなり向上している。
機体規模が大きくなっているぶんVF-1と異なるのは、航空機らしいディテールがさらに追加されているところだろう。コクピットはスケールキットに近い形状、構成となっていて、パイロットのフィギュアこそ統合軍パイロットになっているがサイドコンソールや前面のディスプレイは現実世界の戦闘機にそっくり。極めつけはシートパーツ。現行ジェット機の射出座席をほうふつとさせる形状で、現実の戦闘機を知るものならシート上端のキャノピーブレーカー部を見てニヤリとするはずだ。
キャノピーは前後に分割され開閉は選択式。頭部はレーザー2基搭載のS型のみを再現。主翼の可変後退メカニズムもVF-1と同じ構造になっている。VF-1との違いで目を引くのは、尾部ロケットパック下面に取り付けられた巨大な着艦フックくらいだろうか。エンジンナセルの側面のコンフォーマルタンク、ガンポッドのパーツも付属している。
デカールは劇中に出てきたロイ・フォッカー機を再現。機首や主翼の黒のストライプ、垂直尾翼やベントラルフィンの塗り分けがデカールでセットされており、コーションマークも充実している。

VF-0S
『マクロスゼロ』
ハセガワ　1/72
インジェクションプラスチックキット
税込3024円　2004年発売

048

MACROSS series. 15

1/72 VF-0S
"PHOENIX"

　VF-0は、可変戦闘機VF-1開発の前段階で、F-14Dをベースとして改造された試作機群の次に製作された試験機のシリーズ。VF-1とほぼ同一の形態で、可変機構など基本的な機能のほとんどをつめこんだ機体である。
　VF-1とのいちばんの違いはエンジンが在来型のターボファンジェットエンジンであることで、主としてエンジンのサイズと燃料積載スペースの問題からVF-1よりかなり大きな機体となっていた。しかしながら現用戦闘機と同サイズになったことにより、かなりの装備を既存の戦闘機用部品から流用することができた。また、各種搭載兵器も現用兵器のほとんどが改造を施さずに使用できた。VF-0はほとんど手作りと言ってよい機体であり、そのため完成した機体はテストしてみるとかなりの個体差が認められた。最大推力においては、最高の機体と最低の機体のあいだにじつに5％以上もの差があった。また、スロットルに対する反応時間、システム全体の安定性などにも無視できない差が生じていた。
　そのころ反統合軍が通常エンジンを搭載した可変戦闘機実験実戦部隊を編成中であるとの情報がもたらされ、在来型の戦闘機のみでこの敵新型可変戦闘機に対抗することに不安を感じた統合軍上層部は急遽VF-0を増産し、実用戦闘機としての改修と武装の実装を行なって、反統合軍に対抗できる実戦テスト部隊を創設することを決定する。
　VF-0の実戦艤装にあたっては、技術陣が総合的に優れた機体を厳選しS型として完成させた。S型とA型の設計上の差は、レーザー機銃が連装化されたことと編隊の指揮システムが搭載されたことのみ。なお、VF-0実戦テスト部隊隊長にはVF-1開発チームの主任テストパイロットのロイ・フォッカーが任命されている。彼は状態のいいS型を選ぶと、その垂直尾翼に自分のパーソナルマークであるスカル＆クロスボーンを描き入れた。

『マクロスゼロ』において シン／エドガーが搭乗した デルタ翼複座機

VF-0のA／S型は統合軍が試作型可変戦闘機に求めた空戦能力を充分に有していたが、さらなる高機動空戦能力と攻撃能力／ペイロードの増強、電子戦能力の向上を貪欲に追求した機体がVF-0D型である。A／S型と最終コンペティション中の機体であったが、実戦テスト部隊での実績による最終判定を要すると判断され、A／S型とほぼ同数の機体が生産された。

機首ブロック、機体上面ブロック、バトロイド時に脚となるエンジンナセルブロックはほぼA型と共通であるが、高機動用のカナードをエアインテーク上下に2対備え主翼は可変後退角翼を廃しドッグツースを持つ大面積のクリップドデルタ翼を採用したため外観は大きくA型とは異なる。

翼面加重は主翼を展開した状態のVF-0よりかなり低く、亜音速領域における運動性は大幅に向上している。複座型が基本形となるが、これはA型より強化された攻撃／電子戦能力のため、単座では充分な能力を発揮できないと軍部が強く主張したためである。開発チームは、D型が量産されれば、専用の統合操縦／攻撃／航法支援AI搭載により単座に改装しても充分な能力を発揮できるとしていた。エンジン、基本武装などはA型であるが、ファイター時の最高速度はA型にやや劣るものの上昇力と空戦機動性能はA型を上回る。しかしながら大きな主翼のため、バトロイド時の機動性能はA型より劣っている。

VF-0D
『マクロスゼロ』
ハセガワ 1/72
インジェクションプラスチックキット
税込3024円 2004年発売

1/72 VF-0D
PHOENIX Delta wings

パーツ構成は複座型VF-0Bに準じているが、大きなデルタ翼、追加されたカナード翼などが新規パーツとなっている。デカールは、シン／エドガー搭乗機の空母アスカ所属305号機に加えて、アスカ所属のグレーを基調とした一般機も再現可能。エアブレーキの開閉状態を選択して組み立てることができ、パイロットフィギュア2体が付属する。

049
MACROSS serises. 18

1/72 VF-0B
PHOENIX Two seater

050
Limited edition

VF-0Aの機首部分を複座に変更したキット。キャノピーは開閉状態を選択して組み立てることができ、パイロットフィギュア2体が付属。エアブレーキは開閉状態を選択して組み立てることができ、エンジン部サイドに取り付ける拡張武装のスーパーパーツである「マイクロミサイルランチャー」パーツも付属。新デカールにより統合軍宇宙実験航空隊の機体として製作できる。

VF-0B
『マクロスゼロ』
ハセガワ　1/72
インジェクションプラスチックキット
税込3024円　2004年発売
（限定生産）

宇宙での戦闘を想定した
テスト運用に使用された
VF-0複座型

練習機として10機が生産され（推定）、機種転換訓練などに使用された複座型のVF-0。コクピット内の装備を除いてVF-0Aとまったく同じ仕様になっている。後席にも操縦システムを有しておりどちらでも操縦可能。D型と異なり前線指揮管制用のリンクシステムを搭載せず、後席のパネルや計器類も一部省略されているため、高度な作戦遂行能力はなく、あくまで訓練用と割り切って作られている。

コンソール左下にはパイロットが機体の制御が不可能な場合に使用するDRF（ディスオリエンテーション・リカバリー・ファンクション）ボタンがあり、これを押すことでセントラルコンピューターが飛行の安定を自動で回復するようになっている。また、操縦桿を2秒以上離しても同じ機能が働く。これは操縦特性や変形による特殊な空中機動を行う可変戦闘機の場合、従来の戦闘機からの転向パイロットが混乱して失速やバーティゴ（空間識失調）を起こし墜落するケースが考えられたことから、訓練機であるVF-0Bの開発時にはじめて実装された機能である。のちに通常のA型その他タイプにも組み込まれることでVFの事故による損失が激減した。とはいえVFパイロットの適性は通常の航空機パイロットと違うことが多く、統合軍では戦車兵や戦闘ヘリパイロットを乗り込ませてみたりと試行錯誤を繰り返すことで、適性の見極めや訓練体系を確立していった。

標準型としてもっとも多く生産／配備された VF-0単座型

　敵性異星人の宇宙船に侵入後人型に変形し制圧する、という目的で開発がはじまったVF-1だったが、ASS-1の分析が進むにつれ敵兵器の主力が空戦ポッドや高機動パワースーツらしいとわかってきた。航空機形態に一定以上の空戦機能を持たせなければならないということになり、「航空機に変形できる人型兵器」から「人型に変形できる航空機」へとシフトして開発が進められ、現用戦闘機を人型兵器に変形させる目処がついたところで前段階として開発が進められたのがVF-0である。
　VF-0は、頭部ターレットにレーザー砲を1門搭載したものを便宜上A型としておりVF-0のなかで生産数がもっとも多い。S型、B型も基本的にはA型と同等の機体構造を持ちカタログスペック上の性能は変わらないが、素材やOTM由来の新技術がVF-1に適用可能かどうか、また、運用や戦術などの検証も含めて段階的に手が入れられているため、1機として同じものはないとされる。大きさ以外でのVF-1との決定的な違いは、化石燃料を使う通常のターボファンジェットエンジンを搭載しているところにある。基本的には、この在来型エンジンと機内燃料容量の都合によりVF-0の機体の大きさは決定されている。VF-0はSV-51との熾烈な戦いからメカニズムや仕様を洗練させ、それはVF-1につながった。マクロス進宙式の数週間前にその役目を終え、残ったのは数機だったといわれている。

VF-0A
『マクロスゼロ』
ハセガワ　1/72
インジェクションプラスチックキット
税込3024円　2004年発売（限定生産）

1/72 VF-0A
PHOENIX

　パーツ構成はVF-0Sを元にしており、単装レーザーのVF-0A型仕様の頭部パーツとデカールが新規に追加されている。キャノピーとエアブレーキは開閉選択式で、ファストパックを取り付けることができる。デカールは空母アスカに搭載されていた機番321号機を再現している。

050
Limited edition

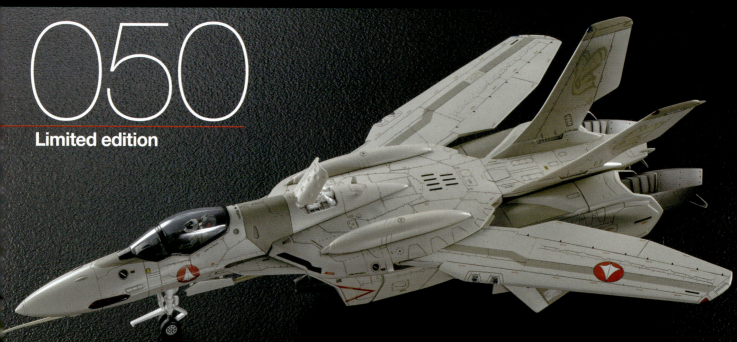

空母アスカⅡに搭載され反統合勢力と交戦したVF-0は、しばしば背面に無人機を装着して出撃していく姿が目撃されていた。これは2002年より量産が開始された小型軽量高機動のステルス無人偵察機QF-2200Dで、統合戦争初期の混乱から熟練パイロットを消耗してしまった統合軍がその代替として大量に前線に投入したものである。

QF-2200DはOTMをほとんど使わずに在来技術で設計製作された機体で、製造コストがかからず量産に適していた。比較的低空を高速で強行偵察することを主眼に開発されたが、ステルスのうえ小型軽量であるため探知捕捉は難しかった。また非常に強力なエンジンを搭載しているうえにパイロットを乗せていないため瞬間最大25Gを越える機動性を発揮でき、近接格闘戦闘となった場合は主力戦闘機以上の戦闘力を発揮することさえあった。

操縦は自立型AIによるが、地上／衛星よりの遠隔操縦ももちろん可能である。QF-2200シリーズには、低燃費ターボファンジェットを搭載した低速の長距離偵察型、ターボファン／ラムジェットを搭載した高空偵察型などのバリエーションがある。

空母アスカⅡには数機のQF-2200Dが運び込まれたとされているが、システム上の問題などから本来の偵察任務などは見送られ、もっぱらVF-0の背面に装着してブースター代わりに使われていた。背面にQF-2200Dを装着したVF-0は合計推力が60％増しとなり、QF-2200Dの推力変更ノズルを併用すると機動性も増したというが、どちらかというと武装などの機外装備を満載した際に速度や機動性を維持するために使われたようである。

052
Limited edition

VF-0A/S w/ゴースト
『マクロスゼロ』
ハセガワ 1/72
インジェクションプラスチックキット
税込3888円 2005年発売（限定生産）

VF-0本体はA/S型キットと同様で、そこに新規金型のゴーストとHAIM-95A ランチャーポッド×2、GH-28A ミサイルポッド×4、計6基のミサイルランチャーのパーツを追加している。他のVF-0同様、エンジン部サイドに取り付ける拡張武装のスーパーパーツである「マイクロミサイルランチャー」パーツも付属。キャノピーは開閉状態を選択して組み立てることができ、パイロットフィギュアも付属する。新規のデカールには、スカル小隊 ロイ・フォッカー搭乗機と空母アスカ搭載機 工藤シン搭乗機のマーキングが入っている。

QF-2200 ゴーストタイプを搭載した急ごしらえの決戦仕様VF-0

1/72 VF-0A/S "PHOENIX" w/GHOST

アクティブステルスを搭載したVTOL機
反統合同盟所属のSV-51γ

OVA「マクロスゼロ」に登場するSV-51は反統合勢力が運用する可変戦闘機で統合軍のVF-0と熾烈な戦いを繰り広げる。VF-0の完全なるライバルにして完全なる敵役で、デザインはあちこち尖っていていかにも悪役然としており、カラーリングもおどろおどろしい。空中戦ではVF-0を上回る性能を持つが重く燃費が悪く航続距離は極端に短いという。この航続距離を補うために大型潜水艦に搭載されて水中から発進するという燃えるシチュエーションも劇中にはあった。胴体内にリフトファンを搭載していてファイターモードのまま垂直離着陸が可能で、これはVF-0にもVF-1にも無い能力だ。かなり異形の機体だが、かえってVF-1やVF-0に負けず劣らず実機テイストを組み込んで遊べるキットと言える。

キットは劇中のカラーリングベース色のパープルで成型されており、VF-0以上のシリーズ最大級に大型の機体だ。可変戦闘機なのに可変後退角翼ではないのはある意味新鮮で、機外兵装も充実している。

コクピットは現用機風でシート上部には射出ハンドルがありキャノピーには爆破用爆薬線もモールドされている。パイロットはヘルメットと両腕が別パーツでキャノピーは開閉の選択式。前面パネルは彫刻表現で再現されデカールも用意されている。

コクピット後方には前後に2連のリフトファンのパーツを組み込む構造で、リフトファンのカバーは開閉を選択できる。閉じる場合は後部のヒンジを切り取る仕様だ。前脚は着陸灯、誘導灯がクリアーの別パーツだが、車輪はフォークごとの縦の2分割となっている。エンジンノズルは片側8個のパーツで構成されている。片側3組のパドル式推力偏向装置は可動なので、接着剤が流れ込まないように注意しよう。機外武装は対艦ミサイル、複合ポッドとタンクが2基ずつ、それにガンポッドが付属する。

デカールは劇中に出てきたノーラ機を再現し、反統合勢力のマークやナンバー、パーソナルマークの他に機体全面に入れられたイエローのランダムパターンもセット。コーションデータはあまりないのでロシア現用機から流用するのもおもしろいだろう。

053
MACROSS series. 16

SV-51γ ノーラ機
『マクロスゼロ』
ハセガワ　1/72
インジェクションプラスチックキット
税込3024円　2004年発売

1/72 SV-51γ "Nora TYPE"

　SV-51もまた対異星人用に開発された可変戦闘機ではあるが、VF-1よりはひと回り以上大きくVF-0と同程度の機体規模となっている。これはVF-1のバトロイドモード時の身長が異星人と同程度、あるいはやや大きい程度で設定されたのに対し、SV-51では異星人の乗るパワードスーツや戦闘ポッドに合わせたからである。また、VF-1におけるVF-0のような機構試作的な前段階の試作機を経ずいきなり実戦投入を目指していたため、開発はVF-1より1～2年以上先行していた。

　SV-51は、かつてのスホーイ設計チームからの伝統を受け継ぐ異常なまでのこだわりにより達成された高い機動空中戦能力を有している。翼面積は広く、腕部収容部分も主翼の一部を構成し揚力を発生するようになっており。主翼端にはウィングレットが設けられ誘導抵抗を減らしている。尾翼は上下2対の大面積のものが備えられ、さらにコクピットの後方に大面積の全遊動式カナードがある。これらの大面積の翼面配置と優れた空戦機動制御コンピュータにより、SV-51は亜音速領域で非常に優れた運動性を持つに到った。操縦が煩雑でデリケートな可変戦闘機としては比較的扱いやすく、とにかく頑丈な機体だったが、VF-0よりさらに大型でエンジン出力も大きく重武装であったためVF-0にも増して航続距離が短くなってしまい、運用上は局地戦闘機としてしか使えないと考えてよい。

　エンジンはS-37に搭載されていたアビアドビガテルD-30F6の各部分をOTEC製超耐熱超軽量宇宙合金に置き換えたものを使用している。これにより出力は10％近く向上しているが、燃料消費率は悪化している。航続距離の短さをカバーするため専用に改装された母潜水艦によって作戦エリアぎりぎりまで輸送してから水中発進を行なわれることもあり、そのために耐水／耐圧処理を施したタイプがSV-51γである。

054
Limited edition
1/72 SV-51γ Ivanov TYPE w/ Twinbooster

SV-51γ w/ツインブースター
『マクロスゼロ』
ハセガワ　1/72
インジェクションプラスチックキット
税込3456円
2005年発売（限定生産）

機体本体パーツはSV-51γ ノーラ機と同様で、翼上面に追加装備されるツインブースターと新デカールが付属する。武装類はガンポッド×1、マイクロミサイルランチャー増槽タンク複合ポッド×4、対艦ミサイル×2、タンク×2が付属。ノーラ機のツインブースター装着仕様として製作することも可能となっている。ツインブースターが付属しない本体のみの「SV-51γ イワノフ機/α量産機」（税込3024円）も限定生産で販売された。

ジェットブースター装備の
一撃離脱最強空戦仕様

SV-51に関してよく言われるのは、VF-0が精密な調整を必要としたのに比べ、よくいえば堅実、悪くいえば粗雑な構造の機体だったということ。とにかく頑丈だったのは、もはや反統合同盟に余力に乏しくSV-51にも高い稼働率を要求したからともいえる。変形によって生じる機体外装間の段差／隙間などは場合によっては数cmにまで至ったようで、これが抵抗を生み空力に悪影響を及ぼしたのがSV-51の航続距離の短さの原因のひとつとも言われる。とはいえ、この頑丈さが潜水艦からの水中発進を可能とした大きな要因でもある。

もっとも重視された対戦闘機戦闘能力は他に比類なく、少なくとも一対一では当時無敵だった。弱点であった航続距離の短さは、主翼上に大型のジェットブースターを装着することによりある程度補うことができ、統合軍のF-14XやF/A-20ドラゴンIIはいうに及ばず、同等の技量を持つパイロット同士ならVF-0とも互角以上に戦った。SV-51は、じつは同時期に統合軍側が開発したVF-0を凌ぐ高性能と完成度を誇っており、熱核タービンエンジンを搭載することさえできていれば、制式可変戦闘機VF-1を凌駕したと言われている隠れた名機なのである。

128

F-14 マクロスゼロ
『マクロスゼロ』
ハセガワ　1/72
インジェクションプラスチックキット
税込1944円
2002年発売（限定生産）

F-14 "MACROSS ZERO"

'80年代に制作された『マクロス』の最初のTVシリーズは西暦2000年代が舞台。当時20年後にどんな軍用機が飛んでいるか予想がつかなかったので、登場する航空機はすべてオリジナルデザインでもよかった。しかし、その後シリーズ作として'02年から'04年にかけて公開されたOVA『マクロスゼロ』は西暦2008年が舞台の物語となったので、わずか数年後に飛んでいそうな機体ならかなり正確に予測がついてしまう。そして『マクロスゼロ』第1話では、主人公工藤シンが統合軍マークを付けたF-14トムキャットに搭乗し、反統合勢力のマークを付けたMiG-29と空中戦を行なうこととなった。

これをハセガワが見逃すはずもなく、第1巻リリース直後に既存のF-14とMiG-29に新デカールを追加したキットが発売される。ハセガワならではの"資産"を活かした早業だった。じつのところ'08年を待たずしてF-14はアメリカ海軍から全機退役してしまうのだが、統合軍所属としてならその存在は充分ありえる。そもそもロイ・フォッカー スペシャルの髑髏マーキングはF-14が配備されたアメリカ海軍VF-84 ジョリーロジャースのマーキングがモチーフだったりするし、以前からVF-1に実在するアメリカ海軍部隊マークを施して遊ぶモデラーはいた。しかし『マクロスゼロ』では、そういった「現実をアニメのVFに投影する」という"遊び"を公式が行なうかたちとなった。ヴァリアブルファイターの原点を描いた物語は、「現実世界とクロスオーバーして遊べる」というマクロスモデルの魅力をより深めてくれたのである。

現実世界とクロスオーバーするマクロスワールド
"飛行機のハセガワ"ならではのキット展開を楽しむ。

MiG-29 "MACROSS ZERO"

MiG-29 マクロスゼロ
『マクロスゼロ』
ハセガワ　1/72
インジェクションプラスチックキット
税込1944円
2002年発売（限定生産）

055

MACROSS series. 20

VF-0A/S バトロイド
『マクロスゼロ』
ハセガワ　1/72
インジェクションプラスチックキット
税込3672円　2006年発売

1/72 VF-0A/S "BATTROID"

VF-0のバトロイド形態を再現した完全新規金型キットで、VF-1バトロイドバルキリーと比べ、ロボットモデルとして大きな進化を感じさせるパーツ構成となっている。

まず大きく進化したポイントとして、クリア一部品など一部のパーツを除いてスナップフィット式とすることで、ほぼ接着剤なしで組み上げることが可能な設計となった。また、VF-0はVF-1と比べかなり大きな機体なので、パーツの自重を支えてポージングを保持するために、大きめのポリパーツを新規に作り起こし、ボールジョイントにすることで関節の強度と保持力を上げ、ポージングの自由度も同時に上げている。VF-1では固定指だった手首は可動指を採用。付属のガンポッドを持たせることができる。

頭部はS型とA型の選択式となっており、脚部のファストパックも選択して取り付可能（取付のダボの類いはないので、接着してしまうか両面テープなどで着脱可能にする）。主翼パーツは開閉可動させることができる。

デカールはVF-0Sフォッカー機とVF-0A統合軍一般機から選ぶようになっている。

戦闘機から人型へと変形する初の可変戦闘機となったVF-0。先行して開発中であったADR-03シャイアンの歩行制御システム、マニピュレーター制御システムを組み込んで進められたバトロイドモードだったが、シャイアンのシステムには「歩く」と「マニピュレーターを目標の方向に向ける」程度の機能しかなく「走る」「ほふく前進」「ガンポッドを構える」など多くの機能は新たに開発追加しなければならなかった。

多くのマンアワーを費やしたおかげでバトロイドの操作系は非常にシンプルになった。パイロットはファイターの操縦と同じ操作をするだけでよく、たとえばスロットルを少し倒せば歩き、もっと前に倒せば走る、右のフットバーを踏めばボディ全体が右に向くといった具合。姿勢制御はAIを組み込んだ統合操縦支援システムが行なう。マニピュレーターの操作はまた別だがそれも極力シンプルな操作で済むようにしている。また、相手が反撃してくれば自動的に回避運動をとる。ただ各々が独立したシステムとなっていたため無駄が多く、のちのVF-1ではFCSなども含めて一本化されるようになった。

ポリキャップ新設計などにより、ロボットモデルとしてより進化したVF-0

リアクティブ アーマード VF-0S
『マクロスゼロ』
ハセガワ　1/72
インジェクションプラスチックキット
税込5184円　2006年発売

056
MACROSS series .21

1/72 VF-0S "REACTIVE ARMORED"

OVAの第3巻で空母アスカに迫るSV-51を撃退した際に使用された特殊装備仕様を再現。主に増加装甲部分を新規にパーツ化しており、白／ブルーグレー／グレー／ライトグレー／クリアーの5色の成形色で、ロボットモデルらしく塗装をしなくてもある程度の色分けがされるように配慮されている。本体のパーツはVF-0Sバトロイドと共通で、ポリキャップにより可動するが、リアクティブアーマーの着脱はできない構造となっている。肩部及び胸部のマイクロミサイルポッドは弾頭やハッチの裏側モールドも再現されていて開閉させることができるが、ヒンジ部のディテール再現を優先するために可動ギミックではなく、あえて差し替えでの開閉選択式を採用している（完成後も差し替えることが可能）。パッケージイラストは天神英貴氏が担当。

VF-0の実用化にあたりもっとも不安視されたのがバトロイド形態における戦闘／防御力の低下だった。航空機から発展した可変戦闘機はファイター形態でもっとも高い機動性と打撃力を有す。異星人との白兵戦を想定したバトロイド形態では、専用陸戦兵器として設計開発されたデストロイドに対し軽量故の機動性の高さが大きな利点である反面、主武装が実体弾使用のガンポッドと頭部に装備されたレーザー砲のみで必ずしも充分な攻撃力を有していたとは言えず、もちろん防御力は劣っていた。

このためVF-0開発の比較的早い時期からバトロイド専用の外装式装甲強化／兵装拡張システムが必要であると判断され、機体と並行し開発がはじまっている。ARWEE (Armor Reinforcing and Wepon Enhancing Equipment) としてスタートしたこの計画は、バトロイド形態の可変戦闘機に装備を"着せる"という発想で設計が進められた。各部に装甲を施し両肩上と胸にミサイルポッドを装備し、腰にはハンドグレネード装甲ラックを装着、さらに背中にはジャンプブースターと呼称する大型の増加ブースターが装着された。このセットはPWS-0Xと呼称し「アスカⅡ」搭載のVF-0飛行隊などに運用試験装備として少数が送られ使用されている。

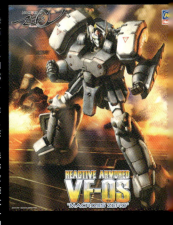

ミサイルポッドはパーツ差替えで開閉可能
リアクティブアーマーを装備したVF-0を
ボリュームたっぷりに再現

133

VF-1、VF-4を継ぐ主力量産機
一般量産機用オリジナルデカールも付属

VF-11は、OVA「マクロスプラス」とTVシリーズ「マクロス7」で主力可変戦闘機として登場するものの見事にやられメカ的な扱いを受ける機体で、劇中では一般パイロットが搭乗し撃墜されまくる。設定としてはVF-1の正当なる後継機であり、VF-1の何倍もの生産数で、ないバリエーションはないといわれるほど派生型が存在するといわれる大ベストセラー機なのだが、そんなことは微塵も見せない奥ゆかしさもある。後方に向けたレーザー砲、胴体上面に一部飛び出るエンジンナセル、エンジン間のシールドなどのちの可変戦闘機のスタイルを確立した機体でもある。また、スーパーパックを装着すれば大気圏内外を難なく行き来できる高性能機だ。

キットはグレーで成型されており、シンプルな構成で組み立ての際のガイドは大きめにとられており、簡単かつしっかりとした強度で組み立てることができる。コクピットはバスタブタイプで、シートの構成や形状はVF-1とよく似ている。前部ディスプレイは彫刻表現でデカールも用意されている。キャノピーは閉状態のみの再現。主翼の後退角連動ギミックは、VF-1やVF-0のようなギア式ではなくロッド式。脚柱は前後とも1パーツだが精密に再現されており、タイヤとホイールは一体パーツ。ノズルは片側8パーツ構成で塗装後にも取り付けられる。

スーパーサンダーボルト用のスーパーパックは、背面のウェポンパックと一体のブースターパック、それにエンジンナセルのコンフォーマルタンクで構成される。スーパーパックがある追加ランナー内には、インテイクカバーも入っている。ブースターパックの大型ノズルは、ベル型のB型用と角形のC型用のどちらかを選択するようになっている。

デカールは、劇中で見られる機首や背面の黒やエンジンナセル、カナードのオレンジ、統合軍マークなどに加え、グレーの統合軍マークにコーションデータ、それらに加えてオリジナルデザインの部隊マークも付属する。ノーマルのサンダーボルトで4種、スーパーサンダーボルトで5種類、それぞれ違うものがセットされ豪華な構成だ。

VF-11B サンダーボルト
『マクロスプラス』
ハセガワ　1/72
インジェクションプラスチックキット
税込3024円　2011年発売

VF-11B スーパー サンダーボルト
『マクロスプラス』
ハセガワ　1/72
インジェクションプラスチックキット
税込3672円　2012年発売

057
MACROSS series. 22/23

1/72 VF-11B "THUNDERBOLT"

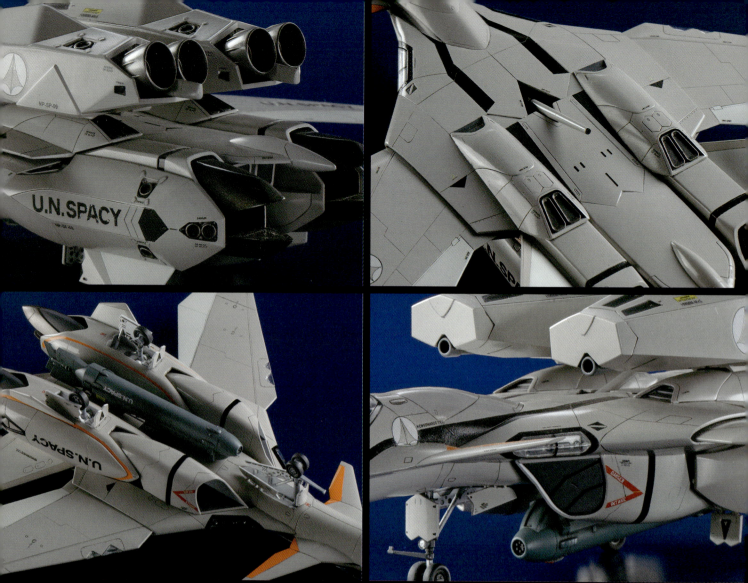

　VF-1の後継機として開発されたVF-4は大気圏外能力に特化しており、大気圏内でのDACTでは旧型機であるVF-1に負ける場合があった。また初期型はバトロイドへの変形機能も持っていなかったため、純粋なVFとは言えなかった。主力戦闘機への搭乗条件を下げ、第一次星間戦争で激減したパイロット数を実質的に増やす役割を担ったのでVF-4の存在意義はあったわけだが、やはり全領域で運用可能な汎用可変戦闘機が必要とされ、VF-4の配備が始まるとほぼ同時にVF-11の開発がはじまった。
　開発は競争試作とされ、大気圏内外においてVF-1のみならずVF-4、VF-5000も上回る性能を持つことを目的に新星インダストリーのYF-11とゼネラル・ギャラクシーのYF-14が競い、YF-11がVF-11として制式採用された。VF-11は、もちろん基本的な性能において先の3機種に勝るが、生産や整備の現場では評価が低かったVF-1の反省から、さらに生産と整備もしやすい機体が目指された。その結果、辺境の移民惑星での生産を加えると新星インダストリーでも正確に把握できないほど多い生産数と多くの派生型が誕生するベストセラー機になった。
　まず作られたのがA型で、特徴は頭部レーザー一砲の砲身が短くカメラが2連になっていること。判別は容易だが生産数は少ない。続いて生産されたB型はエンジンを推力向上型に換装、レーザー一砲を長砲身タイプにしてカメラは単眼になっている。このB型の生産数がいちばん多く、派生型もB型をベースとしたものがいちばん多い。また、B型からスーパーパックが取り付けられるようになった。スーパーパックは背面のウエポンパックと大出力ブースター、それにエンジンナセル側面のコンフォーマルタンクからなる。ブースターは大気圏内外で交換し、大気圏内では可変型を取り付けることで、あらゆる高度に対応できるようにしている。

　VE-11は数あるVF-11の派生型のひとつで大型のロートドームを搭載した早期警戒管制機。配備後50年以上経過し老朽化したVE-1の後継機として、地球をはじめ各移民惑星や超長距離移民船団の護衛艦隊に配備されている。ロートドームはVE-1と違い機体の背面に支柱で取り付けられており10秒で1回転する。ドーム内のレーダーセットはAN/FAPS-296で、これは早期警戒レーダーとしては初めてフォールド波を受動検知する能力を持つ。わずかなフォールド波を検知し、事前にフォールドアウトする物体の位置や時間を知ることができる。
　大気圏内外運用が可能で、そのどちらもスーパーパックの装着が義務付けられている。スーパーパックはVF-11Bとほぼ同仕様で自衛のためのガンポッドも装備するため、緊急時にロト・ドームを切り離せばVF-11と同等の性能で交戦が可能。これは非武装のVE-1が頻繁に敵の攻撃を受けた反省による。SVAW-121は移民惑星「エデン」で編成されたエデン防衛艦隊専属の大気圏内外両用AEW部隊で、「エデン」の開拓開始とほぼ同時にエデン最初の統合宇宙軍基地ニュー・ミラマーで編成。当時はVE-3Bトレーサー II を装備していた。2026年からVF-11Eに機種転換をはじめ所属機数40機の大部隊となる。通常はエデン防衛軍の海上防衛艦隊空母や軌道防衛艦隊空母に分遣隊として5〜6機ずつ搭載されている。またSVAW-121では空母艦隊AEW機の乗員訓練やシステム・オペレーターの養成なども担当している。

VE-11 サンダーシーカー
SVAW-121 ナイトストーカーズ
『マクロス7』
ハセガワ　1/72
インジェクションプラスチックキット
税込3888円　2013年発売（限定生産）

058
Limited edition

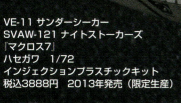

『マクロス7』に登場した早期警戒機仕様のVF-11をキット化。本体パーツはスーパーサンダーボルトと同様で、ロートドームとC型仕様のガンポッドが新規金型パーツで追加されている。ブースターパックのノズル形状はB型とC型を選択することが可能。マーキングはオリジナルで、エデン防衛軍軌道防衛艦隊空母に配備された機体を再現できる。

**『マクロス7』に登場した
ロートドーム装備の早期警戒機**

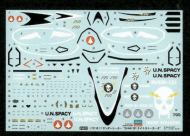

1/72 VE-11
"THUNDERSEEKER" SVAW-121 Night stalkers

VF-11B ノートゥングII
『マクロス・ザ・ライド』
ハセガワ　1/72
インジェクションプラスチックキット
税込3240円　2012年発売（限定生産）

VF-11D サンダーフォーカス
『マクロス・ザ・ライド』
ハセガワ　1/72
インジェクションプラスチックキット
税込4320円　2011年発売（限定生産）

059
Limited edition

『マクロス・ザ・ライド』は、2011年に『電撃ホビーマガジン』誌上にて連載された模型作例記事と小説による企画。ヴァリアブルファイターの改造模型と命知らずのエアレーサーたちの物語をフィーチャーしており、時代設定は『マクロスF』の一年前となる西暦2058年。巨大宇宙移民船団マクロス・フロンティアを舞台に、エアレース「バンキッシュ」の模様を描く。VFのスタイルアレンジは天神英貴氏が、ペイントアレンジを宗春氏が担当。VF-11D サンダーフォーカスは「バンキッシュ」を中継する報道機で、コクピットの後席には敏腕レポーターのローズ・グリューネシルトが搭乗し、機体下面にはガンポッドのかわりにカメラポッドを搭載。キットでは新規部品として複座型用の機首と、頭部レーザー部品を追加。カメラポッドはレジン部品となっている。VF-11B ノートゥングIIは、エピローグに登場した、ヒロインのチェルシー・スカーレットが搭乗するレース機。デカールはカルトグラフ製で、ノートゥングIIのマーキングのほか、バンキッシュレース機用として使えるおまけマーキングも入っている。

雑誌オリジナル企画「マクロス・ザ・ライド」のバンキッシュレース用機体

1/72 VF-11D "THUNDER FOCUS"

1/48 VF-1S/A "VALKYRIE" SKULL SQUADRON

060

Limited edition

VF-1S/A バルキリー スカル小隊
『超時空要塞マクロス 愛・おぼえていますか』
ハセガワ　1/48
インジェクションプラスチックキット
税込4104円
2010年発売（限定生産）

迫力と組みやすさを増し
満を持して発売された1/48 VF-1

　マクロスシリーズに登場する主要な可変戦闘機を1/72でひととおりリリースしたハセガワの次なる展開は1/48だった。1/72に次ぐ飛行機プラモの標準スケールであり、大きすぎず小さすぎず工作も塗装もより楽しめるサイズである。そして何より、マクロスシリーズでは意外にも他社を含め初めて展開されるスケールだった。
　ハセガワが作るキットだから単なる1/72のブローアップ版ではないと予想はついていたが、フタを開けてみれば予想どおり、いやそれ以上の出来であった。大きさゆえにディテールの情報量は増えたにも関わらず、組み立てが1/72より容易になっていたのには驚かされた。
　各部の接続は勘合部は大きくとられ、確実に高い強度で組み立てることができる。コクピットは劇場版を再現（1/48 VF-1J/AはTV版を再現）。シートはよりリアルになり操縦桿やフットペダルは別パーツで再現、劇場版スーツのフィギュアも付属する。キャノピーはバブル型と非バブル型の2種がセット。脚柱は的確な分割によりリアルに再現されている。車輪は前後ともにホイールとタイヤが別パーツで塗装しやすい。脚収納部内部もディ

テールが増え主脚収納部内側には着艦フックの一部も見える。主翼の可動機構は1/72のそのまま大きくしたようなギア式で、もちろん塗装後に取り付けることができる。インテイクから後方ヒザまでは片側5パーツで構成されており、コンプレッサーファンも別パーツで再現されている。腿から後方には大きなパイプが伸び、充分な強度でエンジンナセルを取り付けることができる。インテイクを胴体に取り付ける部分は境界層対策のための隙間があくようになっており、飛行機マニアをニヤリとさせる。エンジンナセル外側のパネルは別パーツとなっていて、内部のエンジンや各種の機器、配管などのディテールを見ることができる。ベクターノズルはもちろん可動で塗装後に組み込むことが可能だ。頭部は、S型のほかにセンサーカメラ部が劇場版の形状になったA型のパーツもセットされ選択できるようになっている。デカールはシルクスクリーン印刷でスカル小隊のVF-1Sフォッカー／輝／マックス機、VF-1A輝／マックス／柿崎機をセット。コーションデータは実機のキットかと錯覚するほど入っており、空母名マーキングもうれしい。

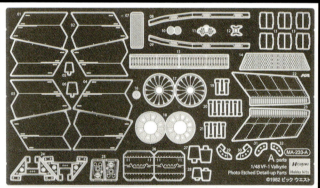

1/48 VF-1 バルキリーは専用エッチングパーツも販売された（税込2160円　限定生産）。主脚前方カバー、ベクターノズル内側、メインノズル、インテイク、手首収納部のシャッター、バックパック後方のフィン、エアブレーキのメッシュ、胴体サブインテイク、主翼可動部のシャッター、キャノピー、各部アンテナなどを、ディテールアップすることができ、コクピットのサイドパネル、シートベルトなどは一部塗装済みという豪華仕様。

劇場版に登場したスカル小隊のスーパー／ストライクバルキリーを再現したキット。背面ブースターパック、腕部ミサイルブロック、脚部ファストパック、関節を曲げた状態の大腿部とインテークカバー、畳んだ状態の尾翼ブロックが新規パーツとなっている。

ファストパックは1/72でも高い密度のディテールが詰め込まれていたが、1/48ではそれを超える密度のディテールを追加。スーパー／ストライクバルキリーのブースターは構造的に保持部が弱くなりやすいが、本体側のバックパック内部に1本に繋がったフレームパーツを通すことで、上部ブースターをしっかりと固定できる設計を採用している。スーパーバルキリーのマイクロミサイルポッドとストライクバルキリーのビームカノンは完成後も差し替え可能。

頭部はS型とA型の選択式で、コクピット及びパイロットは劇場版を再現した部品がセットされている。デカールはシルクスクリーン印刷で、輝／フォッカー／マックス／柿崎機がすべて揃っており、スカル小隊全機から選択して再現できるような仕様になっている。

圧倒的ボリューム感の1/48スーパー／ストライク仕様

061

MACROSS series. MC03

VF-1S/A ストライク/スーパー バルキリー スカル小隊
『超時空要塞マクロス 愛・おぼえていますか』
ハセガワ　1/48
インジェクションプラスチックキット
税込5832円　2013年発売

1/48 VF-1S/A
"SUPER/STRIKE VALKYRIE"
SKULL SQUADRON

VF-1 VALKYRIE WEAPON SET

別売の1/48「VF-1 バルキリー ウェポン セット」(MC04 税込2808円 2014年発売)には、AMM-1空対空ミサイル×12基、RMS-1大型対艦反応弾×6基、UUM-7マイクロミサイルポッド ビフォーズHMM-01×4基がセットされており、これを使えばフル装備が再現できる。反応弾のパイロンは1発搭載タイプと、劇場版の設定に描かれていた2発並列搭載タイプの選択式で、マイクロミサイルは弾頭部分だけでなく、ミサイル本体までパーツ化されている。

1/48 VF-1S/A
"SUPER/STRIKE VALKYRIE"
SKULL SQUADRON

1/48 VF-1S/A
"SUPER/STRIKE VALKYRIE"
SKULL SQUADRON

反応弾パーツが新規に追加された マックス／ミリア搭乗の スーパーパック搭載決戦仕様

TV版『マクロス』の劇中でボドル基幹艦隊との決戦仕様として登場した、スーパーパーツ装備でフル武装状態の機体を再現する1/48キット。RMS-1大型対艦反応弾×6基、パイロン×6基を新規金型パーツとして追加しており、頭部はJ型の形状のパーツが付属。反応弾のパイロンは主翼との接続部分が回転可能な設計となっているので、可変する主翼の位置に合わせて取り付け角度を調整することができる。デカールは、マクシミリアン・ジーナス搭乗機の「202」とミリア・ファリーナ・ジーナス搭乗機の「303」を選択可能。

VF-1J SUPER VALKYRIE "max miria" w RMS-1

VF-1J スーパーバルキリー マックス/ミリア w/反応弾
『超時空要塞マクロス』
ハセガワ　1/48
インジェクションプラスチックキット
税込6696円　2014年発売（限定生産）

062
Limited edition

1/48 VF-1J
"SUPER VALKYRIE"
max/miria w/RMS-1

1/48 VF-1J
"SUPER VALKYRIE"
max/miria w/RMS-1

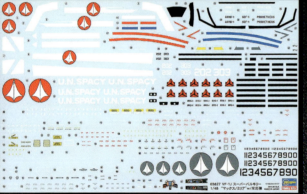

063

VF-1J/A バルキリー バーミリオン小隊
『超時空要塞マクロス』
ハセガワ　1/48
インジェクションプラスチックキット
税込4104円　2010年発売

MACROSS series. MC02

1/48 VF-1J/A "Vermilion squadron"

1/48 VF-1の通常商品としてラインナップされているのがこのJ/A型仕様。頭部はJ型とA型の選択式で、コクピットはTV版を再現。TV版スーツのフィギュアも付属する。輝、マックス、柿崎機のマーキングが再現可能。

064

VF-1A バルキリー エンジェルバーズ
『超時空要塞マクロス』
ハセガワ　1/48
インジェクションプラスチックキット
税込4320円　2012年発売

Limited edition

1/48 VF-1A "Angel birds"

パーツ内容は基本的にJ/A型仕様から変更なく（頭部はA型のみ付属）、TV版準拠なデザインのコクピットとパイロットが付属する。デカールはカルトグラフ製で、1〜6番機の機番がセットされている。

065

VF-1J バルキリー マクロス30周年塗装機
『超時空要塞マクロス』
ハセガワ　1/48
インジェクションプラスチックキット
税込4320円　2013年発売

Limited edition

1/48 VF-1A "30 Anniversario"

パーツ内容は基本的にJ/A型仕様から変更なく（頭部はJ型のみ付属）、TV版準拠のコクピットとパイロットが付属する。デカールはカルトグラフ製。

研ぎ澄まされた、美しいフォルムと組みやすさ
迫力、見応えともに抜群の1/48 YF-19

　ハセガワ マクロスシリーズの1/48第1弾となったのが、VF-1と人気を二分するYF-19。全長約40cmの大型モデルとなった1/48では、1/72で実現した美しいフォルムはそのままにさらに組み立てやすい構成が練られている。大型キットだけに、工作の労力を抑え塗装に注力できるように配慮されているのはうれしいところだ。
　コクピットフロアはバスタブ型、シートは5パーツ構成で単座か複座かの選択式。1/72にあったフロア前方の壁の表示デカールも健在。キャノピーは2分割の開閉選択式で、後部キャノピーの整流カバーも別パーツでセットされている。胴体は上下2分割で、機首からシールドまで一体で成型されている。コクピットから後方のドーサルスパイン後部は、1/72では難しかった設定画のふくらみの忠実な再現がなされている。頭部は後頭部とレーザー砲を再現。主翼は前進角の付いた通常位置と後方に向けた高速形態位置の選択式となっている。
　1/48ならではのディテール表現として、エンジンナセル側面内側にエンジンなどのモールドを再現。脚柱はこまかく分割されており、車輪は前後ともにタイヤとホイールが別パーツ。前脚は独特な3連着陸灯をクリアパーツで再現、脚収納部もこまかい彫刻が施されている。ベクターノズルは片側9個のパーツで構成され、塗装してから取り付けることもできる。
　デカールは劇中の2号機のみセット。コクピット周りの黒や主翼の黒ストライプ、ラダーの赤部分などもデカールになっている。またこまかいコーションデータやグレーの統合軍マークというおまけも入っている。1/48のYF-19は、新デカールで『MASTER FILE VF-19』(GA Graphic)内に登場する「SVF-569 ライトニングス」を再現できるバージョンも発売されている。

066

MACROSS series. MC01

YF-19
『マクロスプラス』
ハセガワ　1/48
インジェクションプラスチックキット
税込4968円　2009年発売

1/48 YF-19
"EXCALIBUR"

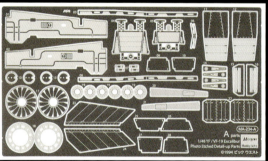

1/48 YF-19は専用のエッチングパーツセットも発売されている（税込2160円 限定生産）。前脚納庫側壁、メインノズル、インテイク、手首収納部シャッター、肩部前後の整流フィン、機首上部のフィン、胴体サブインテイク、キャノピー、機体後方（脚の裾部分）にあるサブスラスター、ももの丸モールドなどをディテールアップできるようなパーツがセットされている。また、コクピット用枠のメインとサイドフレームは一部塗装済みの豪華な内容となっている。

VF-19A SVF-569 ライトニングス
『マクロスプラス』
ハセガワ　1/48
インジェクションプラスチックキット
税込5184円　2010年発売

Model Graphix

マクロス モデリングカタログ
〜ハセガワノツバサ〜
モデルグラフィックス編

編集 ●モデルグラフィックス編集部
撮影 ●ENTANIYA
装丁 ●横川 隆（九六式艦上デザイン）
レイアウト ●横川 隆（九六式艦上デザイン）
SPECIAL THANKS ●ビックウエスト
ハセガワ
GA Graphic
二宮茂樹
草刈健一

マクロス モデリングカタログ
〜ハセガワノツバサ〜

発行日　2017年12月27日 初版第1刷

発行人／小川光二
発行所／株式会社 大日本絵画
〒101-0054 東京都千代田区神田錦町1丁目7番地
URL; http://www.kaiga.co.jp

編集人／市村 弘
企画／編集 株式会社アートボックス
〒101-0054 東京都千代田区神田錦町1丁目7番地
錦町一丁目ビル4階
URL; http://www.modelkasten.com/

印刷／三松堂株式会社
製本／株式会社ブロケード

内容に関するお問い合わせ先: 03(6820)7000 (株)アートボックス
販売に関するお問い合わせ先: 03(3294)7861 (株)大日本絵画

Publisher/Dainippon Kaiga Co., Ltd.
Kanda Nishiki-cho 1-7, Chiyoda-ku, Tokyo 101-0054 Japan
Phone 03-3294-7861
Dainippon Kaiga URL; http://www.kaiga.co.jp
Editor/Artbox Co., Ltd.
Nishiki-cho 1-chome bldg., 4th Floor, Kanda
Nishiki-cho 1-7, Chiyoda-ku, Tokyo 101-0054 Japan
Phone 03-6820-7000
Artbox URL; http://www.modelkasten.com/

©1982,1984,1994,1997,1999,2002,2003,2007,2011,2012,2015,2017 ビックウエスト
©2007 ビックウエスト／マクロスF製作委員会・MBS
©2011 ビックウエスト／劇場版マクロスF製作委員会
©株式会社 大日本絵画
本誌掲載の写真、図版、イラストレーションおよび記事等の無断転載を禁じます。
定価はカバーに表示してあります。

ISBN978-4-499-23227-2